불교기초입문

지식총서 ③

불교
기초
입문

北畠典生 저

조명렬 역

글터
GEUL TER

　　나는 1955년(소화 30년) 3월에 용곡대학(龍谷大學) 연구과(研究科) 불교학 전공[舊制]을 졸업하고 같은 해 4월부터 용곡대학 연구부 조수로서 2년간의 동경학사(東京學舍) 주재의 명을 받아 당시 용곡대학 진종학(眞宗學)의 동계순인(桐溪順忍) 교수(本願寺派 勤學寮頭)와 더불어 축지별원(築地別院)에 부임하였다. 그동안 나는 동경대학 대학원 화산신승(花山信勝), 결성금문(結城今聞) 양 교수의 청강이나 일본교학연구소의 대곡광명(大谷光明) 소장, 불교문화연구회 소야청일랑(小野淸一郎)회장 혹은 별원도서의 정리 등 학사관계의 일을 맡아 보았는데 그 중 하나인 동경불학원의 강의를 담당하게 되었다. 교단에 선 것은 이것이 최초의 일이다.

　　첫 해에는 『대승기신론』, 다음해에는 『보선초(步船鈔)』를 강의하였다. 축지별원에 기거하고 있던 관계로 가끔씩 다른 강사가 휴강할 때 대리 강의를 하게 되었고, 그때의 강의가 불교였다.

이후 용곡대학에서 일반인이나 전문인의 교육을 비롯하여 천리대학, 경도여자대학, 중앙 불교학원의 학교 교육부·통신 교육부에서 불교의 입문, 기초요설, 개론 등의 강의를 담당하여 오늘에 이르렀다. 이 강의 내용 일부를 가려 불교를 배우는 실마리로 엮어 이 책을 편찬하였다.

불교는 심원(深遠)하고 고매한 내용을 지닌 가르침이므로 알기 쉽게 표현하고 대중화하는 것은 쉬운 일이 아니다. 단순히 언어를 빌려 표현한다는 문제는 더욱 아니다. 부처를 바르게 인식하고 부처의 참뜻을 이해하고 부처에의 길을 깨달으며 불도를 닦는 것이 중요하다는 것을 30여 년에 걸쳐 불교를 강의하면서 생각한 것이다.

21세기는 마음의 세기, 종교의 시대라 말해지는 반면 인류위기의 세기, 지구파괴의 시대라고 지적하고 있다. 그러므로 지금이야말로 우리들은 참된 불교를 구극의 의지 처로 삼아 새로운 가치관을 창조하지 않으면 안 된다. 졸저가 그 일조가 되었으면 바랄 것이 없는 행운이라 하겠다.

1991년(평성 3년) 12월 1일
용곡대학 연구실에서
저자 씀

일반적으로 불교는 어렵다고 생각하는 경향이 많은 것 같다. 어느 날 지인에게서 "불교에 관한 서적을 소개해달라"는 부탁을 받았는데, 마땅한 책을 떠올리지 못했다. 숙제를 이행하지 못한 학생 같은 심정이었다. 그러다가 지난 5월 일본 교토 방문시 법장관 서점에 들렀다가, 이곳에서 『불교의 기초입문』을 발견했다. 내용을 보고 번역을 해보려고 생각했다. 저자 키따바다께 선생님과는 인연이 있기 때문에 어렵지 않게 허락을 받았다.

뒤돌아보면 저자와의 인연의 시작은 꽤 오래되었다. 선생님께서 용곡대학 문학부장 시절부터 인연이 이루어져 지금까지 안부를 나누는 사이이다. 또한, 선생님께서 기후 성덕학원대학(聖德學園大學) 학장 재직 시에는 나에게 강의를 주선해

주시기도 하였다. 키따바다께 선생님은 동국대학과 교류를 시작했고 그 기반으로 한일 양국의 불교계 대학과의 교류에 깊은 관심을 두고 모임을 주도했던 분이시다.

이 책은 불교의 기초를 평이하게 이해할 수 있고 석존의 가르침과 사상을 간략하게 서술하고 있어서 어렵지 않게 불교의 근본사상을 이해 할 수 있게 구성된 책이다. 더불어 불교사도 쉽게 이해할 수 있어서 독자들에게 불교를 쉽게 이해하고 관심을 줄 수 있는 불교의 기초입문서 역할을 할 수 있다고 생각된다. 다만 본서의 저자가 일본인이어서 끝마무리 부분을 일본불교의 입장에서 서술하고 있다는 점은 감안하고 읽어야 할 것이다.

출판의 연을 이어준 동국대 불교학술원 한상길 교수와 출판을 선뜻 맡아준 글터의 한신규 사장님께 감사드린다.

　끝으로 항상 그리운 부모님 영전에 이 번역본을 올리며 왕생극락을 발원합니다.

2019년 3월

조명렬

차례

1

불교의
성격

인도라는 나라

인도는 이집트, 메소포타미아, 중국 등과 함께 세계에서 가장 오래된 문화를 지닌 곳으로 특유의 문화권을 형성하고 있는 복잡한 지역이다. 특히 사상과 종교적인 의미에서는 고대부터 가장 발달한 국가로 알려져 있다.

인도의 지형은 아시아대륙의 남부에 위치하고 인도양에 돌출한 이등변삼각형의 지형이지만 광대한 반도이기 때문에 오히려 대륙이라고 해도 좋을 정도다. 북쪽으로는 지상최고이

며 세계의 지붕이라고 일컫는 히말라야 산맥과 힌두쿠시산맥
에 의해서 대륙과 구획되어 있다.

동쪽으로는 벵골만, 서쪽은 아라비아해, 남쪽으로는 인도양
에 접해있고, 북단의 카쉬미르는 북위37도, 최남단에 위치한
코모린기슭은 북위8도다. 인도의 지형은 이와 같이 온대에서
열대에 걸쳐있지만 대체적으로 열대지방이다.

이와 같은 지리적 조건은 독특한 분위기를 자아내고 있다.
서양과 다를 뿐만 아니라 같은 동양인 페르시아와 중국과도
다른 독특한 문화를 형성해왔다. 그렇다고 해서 다른 지역과
문화적 관계가 없다고 하는 것은 아니다. 이는 인도의 역사를
설명하면서 소개하겠다.

또한 지리적 조건에서 기후적 특성은 일 년 중 반은 남서계
절풍이 대륙 쪽으로 불고, 나머지 반은 북동계절풍이 바다를
향해서 부는 몬순현상이 일어나고 있다. 계절은 서열계署熱季, 3
월-5월와 우기6월-9월, 서늘한 기후10월-2월의 3계절로 나눌 수 있
다. 불적순례와 관광 등으로 일본에서 떠날 경우 대부분 연말
연시 등 겨울철을 선택하는데 그 계절이 인도의 냉량기이기
때문이고 일본인들에게는 가장 적절한 계절이기 때문이다.

이렇듯 몬순지대에 위치해있는 인도는 혹독한 더위와 극
심한 건조시기, 혹은 긴 우기 등의 기후적 조건을 지니고 있

기 때문에 그곳에 거주하는 사람들의 일상생활이나 성격 형성에 많은 영향을 주었을 것이다. 그렇기 때문에 인도사람들의 인종적忍從的 · 사색적 성격이 부여되었다고 생각된다. 이는 석존에 의해서 설해진 불교의 특징을 잘 나타내고 있다고 할 수 있다.

불교는 세계종교

종교는 여러 가지 타입이 있지만 대별하면 두 가지로 분류할 수 있다.

첫째는 자연발생적으로 생긴 종교로 교조敎祖가 명확하지 않고 일어난 시기도 잘 알 수 없다. 이는 대부분의 경우 체계적 사상이나 교의敎義가 없는 타입으로 오로지 의식儀式을 중시하고 제사중심의 경향이 강하고 발전성을 지니고 있지 않는 종교이다. 이는 한정된 지역이나 민족만이 수용하고 있는 특징을 갖고 있다.

둘째는 특정의 교조가 있고 발생기원에 대한 역사를 분명히 지닌 타입이다. 이는 체계화된 풍부한 사상과 교의를 구비한 종교로 그 내용은 보편성을 지니고 있기 때문에 국제성을 지닌 인류적 종교이고 발전성을 갖고 있다. 따라서 민족과 지역에 한정되어 있지 않고 시대와 역사를 초월하면서 다양한 사회가 널리 받아드릴 수 있는 성질을 지녔다. 말하자면 세계종교이다. 그러므로 이는 고차원의 종교라고 해도 좋을 것이다.

그러면 석존의 가르침은 위의 두 분류 중 어느 쪽에 속할까? 라고 말한다면 두 번째의 세계적 종교에 속한다고 말할 수 있다.

이러한 세계종교는 어떠한 것을 문제로 삼느냐 하면 자신의 존재에 관한 본질적이고 전체적인 삶 즉 생명의 근원에 대한 것을 문제로 삼는다. 그렇기 때문에 우리들의 생존의 일시적 혹은 부분적인 과제를 취하는 것은 아니다. 그것은 어디까지나 주체 그 자체를 묻는데 있다. 이처럼 세계종교라고 불리는 것은 불교 이외에도 있지만 그 성격이 동일하다고는 할 수 없다. 왜냐하면 불교는 불교로서 타 종교에서는 찾을 수 없는 독자적 특성이 있기 때문이다.

불교는 평화적인 종교

불교의 독자적 특성을 정리하면 다음 3가지로 정리할 수 있다.

첫째 불교는 평화적인 종교이다.

불교는 그리스도교처럼 십자군원정 같은 전쟁경험이 없고 이슬람교처럼 칼의 위력을 내세우지도 않았다. 다만 불교는 다른 종교와 대립하거나 세력다툼을 한 적이 없고 종교전쟁을 일으킨 적도 없다. 이는 석존이 일관성 있게 설한 평화정신의 발로였고 불교의 역사가 그를 웅변해주고 있다.

다음의 이야기는 석존의 말년쯤에 성립된 이야기이다. 즉 석존 출신의 석가족이 거주한 작은 나라 카피라성에 대해 강대한 군사력을 가진 신흥국인 코살라 군대가 세력을 확대하기 위해서 한때 전쟁을 걸어왔다. 석가족은 열세는 아니었지만 자위를 위해서 어쩔 수없이 코살라 군대를 맞아 항쟁하였다. 이러한 내용을 전해들은 석존은 전쟁의 비참함과 잔혹함을 호소하며 전쟁이야말로 인간에게 있어서 가장 어리석은 것이고 무의미한 것임을 조용히 설하고, 의연하게 전쟁을 반대했다고 한다. 이러한 이야기를 통하여 석존의 철저한 평화주의의 일단을 알 수 있음과 동시에 이러한 석존의 품격 높은 평화정신은 불교의 성격으로 오늘까지 긴 전통으로 남아있다.

불교의 적응성

둘째 불교는 적응성 = 적합성을 가진 종교이다.

기원전 5세기경 갠지스강의 중류지역에서 시작된 불교는, 인도 국내를 비롯해서 아시아 전역으로 전파되고 오늘에 이르러서는 구미歐美각지까지 널리 전해지고 있다. 이와 같이 2,500년이라고 하는 긴 역사 속에 불교는 세계의 많은 지역과 풍토에 적응해 가면서 다양한 모습으로 전파 발전해 왔다. 이는 불교가 민족이나 지역 등의 정해진 틀을 초월하면서도 불교의 본질을 잃지 않고 각각의 민족과 지역을 수용했던 결과이며 적응성을 지니고 있다고 이해된다.

오늘날 인도불교, 중국불교, 한국불교, 일본불교라고 불리고 있지만, 이는 각기 그 나라의 사정을 수용하여 표현하고 있다고 생각한다. 인도불교는 인도지역이나 민족의 모든 것을 수용하여 거기에 상응하는 특징을 갖추고 있다. 이는 중국, 한국, 일본불교도 마찬가지이다. 이를 한마디로 표현한다면 인도불교는 명상적 불교이며, 사상적으로 철학화 된 특징이 있다고 할 수 있다. 다음 중국불교는 사상적으로 정치화精緻化되고 체계화된 특성을 지니고 있다고 할 수 있다. 이에 비하여 한국불교는 한국문화에 알맞는 새로운 전개를 보이고 있었다. 그리고 일본불교는 실천적 불교이며, 종교적으로 더욱 심화되었다고 할 수 있다.

이와 같이 불교는 각 지역과 민족에 적응하면서 각각의 특징을 지녀왔지만 불교가 일관성을 잃었다는 의미는 아니다. 오히려 불교의 본질적 내용이 생성 발전해 왔다고 할 수 있다. 그리하여 불교는 미국불교, 유럽불교로 확산하면서 적응성=적합성을 발휘하여 생성 발전해 나갈 수가 있었을 것이다. 이러한 그 징후는 이미 오래 전에 나타나 있었던 것이라 할 수 있다.

불교의 포용성

셋째 불교는 포용성 = 관용성을 지닌 종교이다.

석존이 출세한 당시 인도의 사상계는 다채로움의 극치였고, 그 활동은 매우 활발했다. 원시경전 중에는 6인의 대 사상가가 있었다고 소개하고 있다. 그들은 불교 사상이 아니라는 이유로 외도불교는 내도라고 불리어 육사외도라 명명하게 되었다. 그들은 당시 사상계의 대표적 신흥세력으로 회의론, 소박적秦朴的 유물론, 쾌락론, 숙명론, 허무론, 무인론無因論 등을 주장했다. 이는 인물본위이며, 논자를 중심으로 한 분류이지만 이외에 견해나 의견 등의 논자를 중심으로 분류한 것으로 62견見이 있었다고 전해진다. 그 외에도 많은 논쟁가들이 있었다고도 한다. 이같이 당시는 수많은 논자와 논설이 있었음을 알수 있게 된다. 여기서 주의해야 할 것은 이들 논자와 논설이 모두 바라문婆羅門의 전통적인 권위주의에 대립하는 입장을 취했다는 사실이다.

석존은 분명히 새로운 자유사상가의 일군에 속해있었지만 6사외도와는 크게 다른 입장을 취하고 있었다. 즉 자이나교耆那敎를 비롯한 그들은 종래의 바라문주의에 대해서 전면적인 반대의 입장을 취했지만 석존은 바라문주의의 단순한 부정에 머물지 않고 바라문과 반 바라문의 두 사상을 비판하는 입장을 취했다. 그렇기 때문에 석존은 종래에 볼 수 없었던 차원 높은, 더욱 새로운 도道를 확립한 것이다. 따라서 불교는 바라문사상과 반 바라문사상의 2대 조류에 대해서 제3조류로서 위대한 사상, 빛나는 종교로 형성, 발전하게 된 것이다. 불교의 출발이 이미 이와 같은 입장이었기 때문에 다른 종교와 대립항쟁할 일이 없었다.

인도에 저명한 시하고라라는 장군이 있었다. 원래 그는 자이나교 신자였는데 어느 날 자이나교를 버리고 석존에 귀의하여 개종을 선언하려고 했다. 그런데 석존은 "귀하고 유명한 분이 가볍게 자신의 신앙적인 입장을 바꾸려는 것은 좋은 일이 아니다"라고 지도했다.

이처럼 석존은 개종을 권하지 않았다. 그뿐만이 아니고 자이나교 승려의 공양을 소홀하게 하지 말라고까지 가르쳤다고 전해온다. 이는 석존 자신이 스스로의 가르침이 다른 인도 종교와 대립되는 것을 원하지 않았다는 의미이다. 불교는 이처럼 출발할 때부터 포용성, 관용성이 강한 종교였다고 할 수 있다.

이상에서 지적한 것처럼 불교는 평화를 철저히 옹호하는 종교이고, 높은 보편성을 기반으로 한 강한 적응성=적합성과 풍부한 포용성=관용성을 구비한 종교이다.

머지않아 석존의 가르침은 아시아는 물론이고 널리 세계에 전파되어 인류에게 광명을 주고 명실공히 세계의 종교로서 많은 사람들의 신봉을 받게 되고 인간의 영원한 귀의처가 될 것이다. 지금 우리들은 석존의 가르침과 만나는 혜택을 받은 부사의不思議한 인연에 깊은 생각을 할 때이다.

2

석존
이전의
인도
사상

아리아인의 인도 침입

　인도문화의 형성에 주도적 역할을 해온 것은 아리아인이다. 즉 인도에 있어서 주요한 문화어가 거의 아리아인의 언어에서 유래하고 있기 때문이다. 그러나 그들이 인도에 침입해오기 이전에 인도에는 아무것도 없었다는 뜻은 아니다. 인도에는 이미 드라비다인을 비롯해 몇 종의 민족이 주거했고 높은 문명을 발달시켜 왔다. 그 중에 주목되는 것은 인더스 문명이다. 최근 행해진 인더스하류지역의 발굴조사에서 알려진

바이다. 기원전 3,000년경부터 일정한 도시계획을 기반으로 장대한 도시가 건설되고 고도의 동기銅器시대 문명을 성립시킨 것이다. 그렇기 때문에 인도는 이집트, 메소포타미아, 중국과 함께 세계에서 가장 일찍 문화가 열린 지역인 것이다. 그런데 이같은 인더스 문명은 명확한 이유 없이 급히 멸망, 토사에 매몰되고 말았다.

아리아인은 원래 코카사스 산맥 북쪽 지방에 주거하였는데 시대를 거슬러오면서 원주거지인 초원을 떠나 이동하기 시작했다. 한 계통은 서방의 유럽으로 이동해서 유럽의 여러 민족이 되고, 다른 계통은 동쪽으로 이동해서 그 중에 일부가 힌두쿠시 산맥을 넘어 서북 인도를 침입해, 먼저 판자부Punjab · 五河지방을 점거 정착했다. 그들을 인도아리아인이라 부르며 그들이 인도를 침입한 시기를 서기전 1,500년경으로 추정하고 있다.

베다Veda, 吠陀시대

판자부 지방에 정착한 그들은 가부장제도에 의한 대가족생활을 유지, 대가족에서 씨족, 부족의 순서로 사회가 구성되고 각각의 부족의 장은 왕rājan이라고 불렀다. 왕은 당시 부족민에 의해서 선출했지만 후에는 거의 세습제가 되었다. 사람들은 목축을 생업으로 하면서 동시에 농경생활을 겸하는 단순한 촌락생활을 즐겼다.

그들은 그 후 수백 년 동안 베다문화를 형성했다. 베다의 기본 경전은 4종이지만 그중에 가장 오래된 리그베다가 잘 알려져 있다. 이는 우주창조에 관한 사변思辨을 통해서 철학적인 통일사상의 경향이 보이는 신神 deva 天을 향한 『찬가집』이라고 해도 좋을 것이다. 베다는 본래는 문학이지만 그것이 신을 향한 찬가집인 이상 단순히 문학이라고 하기보다는 종교문학광의의 종교성전이라고 하는 것이 보다 적절할지 모른다. 이 경우 신이라고 하는 것은 간단히 말하면 자연현상을 통일화 내지는 추상화하여 거기서 신은 천天, 공空, 지地의 삼신三神이라 할 수 있고 그 중심은 태양신이었던 것이다. 당시의 사람들은 이러한 신을 숭배하고 제장祭場을 마련하고, 희생을 올려 평안을 기원하고, 재앙의 소멸을 염원한 이른바 현세기도적인 저차원의 종교적 활동에 참여했던 것이다. 이는 그들의 소박한 촌락생활을 치장했다. 또한 그들이 얼마만큼 대자연에 대한 경이심과 경외의 감정을 지니고 있었던가를 살필 수 있다.

점점 시대가 흘러감에 따라서 사람들의 마음속에는 점차

인생의 문제에 대한 순수한 반성이 일어나고 드디어는 그 반성이 인생과 우주의 근원에 대해서 깊은 고려를 하게 되었다. 이처럼 인도사상의 여명기라고 할 수 있는 베다문화의 시대를 베다시대서기전 1500~1000년, 바라문문화의 제1기라고 한다. 또한 고대 인도 바라문교 근본성전의 총칭이라는 의미로 신화적 요소도 포함되어 있다고 해서 학자에 따라서는 신화시대神話時代라고도 명명한다.

부라흐마나Brāhmana 梵書시대

판자부 지방에 정착한 아리아인은 그 후 동방으로 이동을 시작하여 야무나강과 갠지스강의 중간 평원지대에 생활의 터전을 마련했다. 이곳은 비옥한 토지에 비가 많이 내리는 기후였기 때문에 농업이 적합한 곳이었다. 아리아인은 목축과 함께 농경에 종사했다. 그들은 사제자司祭者를 중심으로 하는 씨족제 농촌사회를 확립했다. 이 과정에 제식의 발전이 이루어졌고 베다의 기본적인 삼히타—Samhitā 本集에 대한 주석서가 작성되었다. 이렇게 작성된 일군의 문헌을 부라흐마나梵書 · 祭儀書라고 한다. 여기에는 제식의 실시방법과 그 의의와 목적이 상세하게 규정되어 있다. 여기에서 바라문교의 튼튼한 기초가 확립되었다고 해도 좋을 것이다.

그리고 제사를 담당하는 사제는 그 복잡한 규정을 따르지 않으면 안 될 상황에 처해 있었기 때문에 스스로도 전문적인 지식을 습득해야만 했고, 결국은 세습의 직업으로 변하게 되었다. 그들은 기도제사를 존중하고 이를 일상생활에 관계되도록 하기 위해서 사람들의 현실적인 행·불행을 지배할 만큼의 위력을 지닌 존재라고 생각할뿐 아니라 제사만능이 되어버리고 말았다. 거기서 사제자는 「인간인 신」이라고 해서 사회에서 가장 공경하는 존재로 보이게 되었다. 또한 사제자와 함께 왕족 또한 독립된 계급을 이루었다. 일반서민의 직업도 세습하게 되어 그들의 신분과 직업의 계급적 구별은 마침내 사성四姓의 사회계급제도, 즉 카스트가 성립했다. 사성은 다음과 같다.

① 사제자 brāhmaṇa브라흐마나 ·············· 바라문婆羅門

② 왕족 kṣṣatriya크샤트리아 ··················· 찰제리刹帝利

③ 서민 vaiśya바이샤 ·························· 바이샤吠舍

④ 예민隸民 śūudra수드라 ····················· 수다라首陀羅

①은 바라문교의 사제와 학자로 사회에서 가장 높은 계급에 속하고, ②는 그 다음 지위인 왕족, 사족土族의 계급, ③은 농, 공, 상 등에 종사하는 일반시민이고, ④는 아리아인에게 정복된 선주민이며 노예로서 노역을 담당하는 최하층에 속하는 사람들이다.

이러한 계급의 구별은 ①에서 ③까지 앞의 셋과 ④와의 차이는 민족적인 차이가 기본이 되었고 앞 삼자간의 구별은 신분적, 직업적인 요소에서 유래했다고 한다. 이러한 인도 특유의 사회제도는 후세까지 강한 영향을 주게 되었다. 이러한 부라흐마나 문화의 시대를 부라흐마나 시대서기전 1000~800라하고 바라문 문화의 제2기라고 부른다. 또한 바라문교의 기초가 확립되었다는 의미로 학자들은 종교시대라고 명명하기도 한다.

우파니샤트Upaniṣad, 奧義書시대

그 후 문화의 중심은 다시 동으로 이동하여 갠지스강 중류의 동쪽지역에 새로운 역사의 무대가 등장한다. 이 새로운 토지에 이동한 아리아인은 그 지역의 원주민과 혼합해서 새로운 민족을 형성하고 종래의 베다중심에 의한 습관을 고쳐 그들 특유의 속어Prākrit를 사용하게 되었다. 갠지스 강 유역에서 많은 농산물이 생산되어 물자는 풍부해지고 수공업과 상업도 발달해서 교역이 시작되고 화폐가 사용되었다. 따라서 수많은 소도시가 성립되고 그들 소도시를 중심으로 소국가가 번영하여 귀족정치, 공화정치가 이루어졌다. 소국가는 차차 국왕통치의 대국에 합병되어 갔다. 이 과정에서 직업은 분화되고 카스트는 고정화되어가고 있었다.

이러한 시대적인 상황을 배경으로 크샤트리아 계급은 사회적 세력을 점차 증대해가면서 사상계에도 진출했다. 또한 베이샤 계급도 점점 경제적인 세력을 확대시켜 세력을 내세웠다. 따라서 바라문 계급의 세력은 점차 쇠퇴하게 되고 만다. 바라문과 크샤트리아 등 상층계급의 사람들은 직접적인 생산활동에 참여할 필요가 없었기 때문에 관심과 흥미가 오로지 정신계로 향해 그 결과 우파니샤트 철학을 성립시켰다.

우파니샤트라는 말은 "가까이 앉다"라는 뜻인데 스승에게서 제자에게 구전하는 「비의秘義의 가르침」으로 그 의미가 변하여 보통 비의, 비설秘說을 집성한 일군의 성전의 명칭으로 사용되고 이를 일본에서는 오의서奧義書라고 번역했다. 또한 우파니샤트의 일군의 문헌은 수백 년을 지녀온 새로운 것이기 때문에 이러한 과정을 포함해서 이를 광의의 베다성전의 말기 것으로 이해하는 경우도 있다.

우파니샤트 철학은 인도의 모든 사상을 대표한다. 만유의 근본적인 통일원리의 탐구는 이미 베다와 브라흐마나에 있어서도 시도되었던 과제였지만 우파니샤트에 이르러 일단 완성되었다고 해도 과언이 아니다. 즉 우주의 근원인 실재원리^宇의 중심생명를 브라흐만brahman, 梵에서 찾아내고 개인에 내재하는 실체적 근원개인의 중심생명을 아트만ātman, 我이라 해서 이 양자는 본질적으로 동일하다고 생각한다. 이것은 나我를 알면 범梵을 알게 되고 개체의 생명이 우주의 생명에 참여할 수 있다고 하는 '범아일여'를 지향한다. '범아일여'의 진리에 도달함에 의해서 윤회의 경계에서 해방 초탈한 이상의 상태를 해탈mokṣa이라 하고 그것이 인생최고의 목적이라고 생각하는 철학이라고 할 수 있다. 이러한 범아동일불이梵我同一不異의 사상은 관념론적 일원一元철학이지만 그러나 이러한 사고는 일반적인 사상사에서도 무시할 수 없고 동시에 이 해탈의 사상은 윤회와 업 karman의 사상과 함께 후세 인도 사상에 현저한 영향을 부여하게 되었다. 이러한 오의서奧義書시대서기전 800~600년를 학자들은 바라문 문화의 제3기라고 하고 철학시대라고도 한다.

석존 출현 전후의 사상과 종교

서기전 500년경이 되면 경제의 변혁 등에 따라서 왕족과 자산가가 대두해 바라문계급의 세력은 점차 쇠퇴하고 계급제도에도 점점 변동이 생겨 새로운 사회적 지도층이 형성되었다. 이러한 사회 환경은 혁신적인 사상경향을 출현시켰다. 이 신흥세력의 중심은 바라문계급의 지배를 충분히 받아들이지 않았다고 생각하는 동쪽지방의 크샤트리아 계급이었다. 이러한 상황 속에서 불교와 자이나교가 생겨 종래의 전통적인 바라문교와 더불어 3대종교로 자리잡아 인도의 종교계, 사상계를 형성하게 되었다. 결국 석존이 출생한 때의 인도 사상계는 다양함이 극에 달했다는 것은 전장에서도 서술한 바와 같다.

'논자論者'를 중심으로 분류한 육사외도, 견해와 의견 등의 '설說'을 중심으로 분류한 62견見 등 많은 논쟁가들이 있었다. 이러한 상황에서 석존은 종래의 바라문주의 입장과 쟈이나교를 비롯한 신흥세력의 입장과도 다르게, 새로운 길을 확립시켰다. 이 보편성을 지닌 석존의 가르침은 끊임없이 생성발전의 일로를 찾아, 바라문주의에 의한 카스트제도를 엄격하게 부정했다.

법진리의 자각을 세우고 인간의 존엄을 자각한 석존은 계급, 신분, 직업, 종족에 의해서 인간의 가치에 상하와 우열이 있다고 하는 것은 매우 잘못된 것이고 법은 모든 사람에게 평등하지 않으면 안 된다고 강력하게 주장했다.

이러한 석존의 가르침이야 말로 세계의 종교로서 많은 사람들에게 광명을 부여하게 되는 것이다.

석존의
생애 1

탄생

　인도 북방 현재의 네팔 부근의 히말라야 산록에 위치한 카피라바스투迦毘羅城에 석가Śakya라는 작은 종족의 나라가 있었다. 그 당시 인도는 10여 국에 달하는 대국이 서로 패권을 겨루는 격동의 시대였다. 석가족의 나라는 주위 대국의 위세에 정세가 매우 불안정한 상태였다.

　석존은 이러한 불안정한 상황이었던 석가족의 왕 숫도다나淨飯王와 왕비인 마야摩耶사이에서 외아들로 탄생하였다.

본명은 고타마 싯다르타喬答摩, 悉達多라고 불렀지만 후에 진리를 자각하고 깨달음을 얻어 불타佛陀, Buddha, 覺者가 되었다. 사람들은 석가족의 성자賢者, 勝者라는 의미로 「석가모니Sakya-muni」라고 칭했다. 또한 불타에게는 「佛의10号」라 해서 10개의 명칭이 있지만 그 중에 하나인 「세존」이라는 이름으로도 불렸다. 즉 「석가모니세존」이라고 불렸기 때문에 「석존」이라고 생략, 존칭하고 있다.

마야부인은 출산시기가 가까운 어느 날, 당시 인도 풍습에 따라서 고향에 돌아가 출산하기 위해 길을 떠났다. 도중 카피라바스투의 동북부에 위치한 룸비니藍毘尼화원의 백화만발한 아름다운 경관에 잠시 휴식을 취하는 도중 갑자기 산기가 있어 태자를 출산하였다. 그 태자가 바로 석존이고, 시기는 4월 8일이었다고 북방전北方伝에 전한다.

석존 출세의 연대에 대해서는 예부터 여러 설이 있으며 그중에 가장 존중되어온 설은 서기 전 6세기 설이었지만, 최근에 이르러 서기 전 5세기라는 유력한 설이 대두된다. 그런데 이들 양자의 차이는 100년 정도인데 시기를 확정하는 것은 어려운 일이다. 단지 석존의 재세가 80년 이라고 하는 점에서는 예부터 동서양을 막론하고 거의 모든 학자가 일치하고 있다.

석존이 출현한 시대는 인류역사상 크게 주목해야 할 시대였다. 당시 인도의 사상계가 다양함의 극치였던 것은 이미 기술한 바와 같지만 그것은 인도만의 상황은 아니었고 동서양이 대체로 사상의 여명기였다. 즉 중국에 있어서는 공자서기전6~5세기와 그 제자들이 활동하고, 춘추시대의 말기부터 시작한 이른바 「제자백가」라고 칭한 사상가, 철학자가 배출된 시대였다. 또한 그리스에서는 피타고라스를 거쳐 소크라테스서기전5세기에 이르는 시대에 해당하므로 인류철학의 기초가 성립된 시대이기도 하다.

사방칠보四方七步의 선언

석존탄생에 얽힌 기사로 「사방칠보의 선언」이 불전문학자에 의해서 제시된다. 석존이 탄생하자마자 사방 칠보를 걷고 오른 손을 들어서

하늘 위 하늘 아래 오직 나 홀로 존귀하도다. 삼계가 괴로움에 빠져 있으니 내 마땅히 편안하게 하리라

라고 하였다.

이 게송이 의도하는 것은 생사를 윤회하는 미망의 경계는 모두 고뇌에 빠져 있기 때문에 모든 사람을 깨달음의 세계로 안전하게 이끌어주기 위해서 내가 태어났다는 것이다. 그렇기 때문에 「천상천하유아독존」이라고 하는 것이다. 따라서 이는 석존 자신의 사명감과, 책임감의 피력임과 동시에 진리를 체현(體現)한 사람으로서의 존엄성을 표현하고 있다고 할 수 있다.

다음 '사방칠보'의 '사방'은 동서남북을 지적하고 있지만 의미하는 것은 시방+方이라고 해서 남김없이 전부를 포함한다고 하는 것이다. '칠보'를 걸었다는 것은 석존이 탄생하면서 육도六道界를 이미 초월한 성자임을 나타내고 있다. 육도는 불교의 세계관의 하나로 지옥, 아귀, 축생, 아수라, 인간, 천상의 육계六界를 지칭한다. 이 육계는 모두 고뇌로 가득한 미계迷界이며, 그러한 의미로 좋지 않은 세계이다. 불교는 이러한 미혹을 해탈해서 깨달음을 얻는 것을 목적으로 하는 가르침이기 때문에 그 가르침의 주인인 석존은 태어나면서부터 육도를 초월한 성자였다. 이는 어디까지나 교주인 석존을 찬양하는 것에 지나지 않는다. 진리는 고귀하고 진리의 체현자인 석존은 최존이라고 할 수밖에 없다.

여기서 경전을 접할 때의 기본적인 마음가짐에 대해서 한마디 하면, 경전의 표현이 때로는 기괴奇怪 혹은 황당무계하다고 까지 생각되는 경우가 있는데 왜 그러할까에 대해서 추궁할 필요가 있다. 그러한 후에 경전의 진의를 잘 이해 할 수 있도록 노력하는 것이 중요하다. 이 '사방칠보의 선언'에 대해서 이를 얼마만큼 과학적으로 분석하고, 객관적으로 추구했다고 해도 문제는 해결이 되지 않는다. 오히려 해답을 얻기는 곤란하고, 결국은 의미가 없게 된다. 이 말이 대체 무엇을 문제로 하고, 어떠한 취지를 표현하려고 한 것일까, 어떠한 의미를 표현하려고 하는 것일까 즉 '의미적 추구', '주체적 이해'가 특히 필요하다.

경전의 본질은 불타정각佛陀正覺의 진실한 모습이 기술되어 있고 불타의 교법이 나타나 있는 것이다. 자연히 그 표현은 일상적인 언어와 현실적인 서술로는 충분히 그 뜻을 다 표현할 수 없는 부분이 있다. 경전을 쉽게 이해하고 진의를 보완하기 위해 상징적인 구상을 사용하기도 하고 신비적인 서술을 하기도 한다. 따라서 그것을 과학적 객관적으로 받아들이는 것은 더욱 무리라고 할 수밖에 없다.

여기서 또 하나의 문제가 있다. 그것은 절대적인 불타의 깨달음을 우리들 범부에게 알게 하는 것은 본래 불가능한 일이다. 그렇다고 불타가 어떤 활동도 하지 않는다면 불타의 존립 그 자체가 의미가 없게 되는 것이다. 진실을 알리려고 하는 고민이 전술한 표현이 되었다고 할 수 있다. 이러한 점을 인식하고 경전을 의미적, 주체적으로 받아드리는 태도가 중요하다. 이러한 태도로 경전을 접했을 때야말로 깊은 감명을 받고 훌륭한 감동을 느끼게 된다고 생각한다. 이 감동의 마음으로부터 수긍하는 경지가 열리고 진정한 불교적 이해의 세계가 전개된다고 확신한다.

석존은 탄생 후 겨우 7일 만에 생모 마야부인과 사별했다. 그 후는 이모 마하푸라쟈빠티摩訶波闍波提에 의해서 양육되었다. 부왕의 사랑을 듬뿍 받으면서 유년 시대를 지낸 석존은 소년 시대부터 장래의 국왕이 되기 위해 문무의 모든 것을 배웠기 때문에 총명한 소질이 한층 더 단련되었다. 성장했을 때는 예민한 감수성과 깊은 사색이 현저하게 나타나서, 더 깊은 명상을 하는 경향이 강해졌다. 그때 부왕은 자신의 후계자인 석존에게 출가탈속의 뜻이 있음을 알고, 아름다운 야쇼다라耶輸陀羅를 비로 맞이하게 했으며, 여름, 우기, 가을의 3계절에 적합한 세 궁전을 지어 주었다. 또한 많은 사람들을 통해서 여러 가지의 환락생활을 즐기도록 만들어 출가의 뜻을 단념시키려고 노력하였다.

석존은 결혼 후 아들 라후라羅睺羅를 얻었지만 그러는 동안에도 인생의 괴로움苦相에 대한 번민은 깊어만 갔다. "진리란 무엇인가, 진정한 행복은 무엇인가"에 대해서 젊은 석존은 번민을 계속하였다. 29세의 석존은 부왕의 기대를 등지고 어느 날 밤 처자와 가족의 애정의 굴레를 끊고 사회적인 지위와 명예와 재산 등을 던져버리고 결연히 출가의 길을 선택하였다. 오욕이 충족되었다고 해도 그것은 일시적 혹은 부분적인 일에 지나지 않는다며 세속적 행복을 부정하는 결단이었다.

출가

석존은 장래 국왕이 될 왕자였다는 사실 만으로도 혜택 받은 환경에서 무엇 하나 불편함이 없는 생활을 하고 있었다. 그럼에도 불구하고 석존은 왜 출가라고 하는 생활의 대전환을 기획했을까? 석존 출가의 이유는 불교가 해결해야 할 과제를 명백하게 제시한 것이다. 그것은 또한 불교의 출발을 의미한다.

석존이 출가한 이유를 이해하는 두 가지의 설화가 있다.

1. 수하樹下의 정관靜觀

석존이 어렸을 때의 일이다. 부왕과 함께 봄의 농경제農耕祭에 참석하였다. 방금 갈아엎은 흙 위에 한 마리의 곤충이 꿈틀거리고 있는데 어디서 새가 날라 와서 그 곤충을 물고 날아가버렸다.

이러한 정경을 보고 있던 석존은 약육강식의 지나친 참혹함에 마음이 아파서 「생물은 서로 먹고 있다」고 중얼거리며 혼자서 염부수閻浮樹 열대성의 작은 나무로 인도에 많이 있는 나무의 그늘 아래로 가서, 깊은 생각에 빠져 장시간 정좌하였다.

2. 사문출유四門出遊

석존의 출가가 임박했을 때의 이야기이다.

어느 날, 석존은 수행원들과 함께 4개의 문을 나가 유람을 떠난 적이 있었다.

1. 동문에 이르렀을 때 백발노인이 지팡이에 의지하여 걷고 있는 모습을 보았다. 자신은 젊음이 충만한 청춘이지

만 언제인가는 자신도 늙을 것이라는 생각이 들어 불쾌감에 사로잡혀 되돌아갔다.

2. 남문에 이르렀을 때 병들어 쓰러진 사람을 만났다. 지금 자신은 건강하고 안전하게 살고 있다는 자신감을 갖고 있지만 그러나 언젠가 자신도 병에 걸릴지도 모른다는 불안에 사로잡혀 귀로에 올랐다.

3. 서문에 이르렀을 때 장례식 광경을 보았다. 자신은 지금 청춘을 구가하고 건강한 생존에 보람을 갖고, 현재의 안정된 생활에 만족하지만, 그러나 자신도 한 순간에 근간이 무너질 수 있다는데 마음이 쓰여 심란해서 돌아왔다.

4. 북문에 이르렀을 때 한 출가자沙門와 만났다. 석존은 그의 온유한 미소를 지으면서도 위엄 있는 태도에 감동받고, 이러한 삶이야말로 전부터 찾아온 자신이 나아갈 길이라고 결심하고 돌아왔다.

동문에서 노인과 만남은 젊음·청춘, 남문에서 병인과의 만남은 건강·안전, 서문에서 본 장례행렬과의 만남은 생활·생존이라고 하는 인간의 근본문제를 각각 묻지 않으면 안 될 상황을 교묘하게 나타내고 있다. 인간으로 태어난 이상 그 누구도 이 노·병·사의 무상으로부터 피할 수가 없다. 인간은 정말로 노·병·사의 존재다. 그렇기 때문에 석존은 인생은 고라고 인지하고 북문에서 만난 사문의 모습에서 출가의 길로 자신의 살 길을 찾은 것이다.

이는 세속적인 행복이라는 것이 무상하고 세상의 모든 것이 변화하는 것이기 때문에 인생은 어리석음 이외에 아무것도 아니라는 것을 의미하고 있다. 거기서 석존은 인간으로서 진실하게 살아가는 길, 진정한 행복의 길은 출가의 길 외는 달리 없다고 결단하고 오로지 도를 구하려고 한 것이다.

4

석존의
생애 2

구도

　큰 희망과 기대를 갖고 출가한 석존은 영원한 진리를 찾아서 각 지역을 편력하였다. 당시 인도의 문화 중심지였던 마가다摩揭陀국의 수도 왕사성라자구리하 부근에 거주하는 유명한 수행자를 찾아서 수행을 통한 깊은 뜻을 이루려했지만 심중의 만족을 얻기 어려웠다. 따라서 석존은 다시 나이란쟈나 강尼連禪河 주위 고행림에 몸을 묻고 당시 행해지고 있던 여러 종류의 고행을 체험해 보았다. 그 고행은 육신을 심하게 괴롭히는 고행을 수년간 걸쳐서 목숨 걸고 계속했다.

석존의 신체는 피골이 상접하고 쇠약해졌다. 그러자 석존은 신체를 가혹하게 하는 것은 공연히 피로를 느끼게 할 뿐 진실한 행복, 해탈을 얻는 길은 아니라고 판단하고 모든 고행을 버렸다.

석존은 오랜 옛날부터 용인(容認) 되어온 수정주의, 고행주의에 의한 수행이 아무런 의미가 없다고 판단하였다. 이 같이 전통적인 수행을 부정했다고 하는 것은 석존이 원래 지녔던 희망과 기대에 대한 배반이었다. 그러므로 석존은 독자의 새로운 도를 찾아서 재출발을 하지 않으면 안 되었다.

고행림을 떠나온 석존은 가까이 흐르는 나이란쟈나강에서 목욕하고 그동안 쌓인 오염을 씻어버렸다. 그곳에서 수쟈타 여인이 올린 우유죽을 마시고 쇠약한 몸을 회복하게 되었다. 출가한 석존이 고행을 포기하고 마을에서 노닐고, 게다가 마을 아가씨의 공양을 받았다는 것은 당시의 종교계와 사회에 있어서 충격적인 사건이었다. 왜냐면 고행을 포기했다는 것은 물론, 사성(四姓)의 사회 계급제도가 엄했던 당시에 마을의 한 아가씨의 공양을 편안하게 받았다는 것은 쉽게 이해할 수 없는 일이기 때문이었다. 이는 이미 석존이 사회 계급제도를 부정하고 있다는 것임을 표현하고 있기 때문에 이점을 주목해야 한다.

성도

드디어 원기를 회복한 석존은 가야마을의 삡파라 나무 아래 앉았다. "내가 만약 무상의 대보리를 얻지 못하면 최후까지 이 자리에서 일어서지 않으리라"고 결심하였다. 마음을 집중해서 명상사유를 집중해 선정에 들고 마침내 최고의 대보리를 성취해서 불타가 되었다. 때는 석존 35세, 12월 8일 새벽이었다고 전한다. 그 후부터 삡파라 나무는 불타가 정각을 이루었다 해서 이를 '보리수'라고 부르게 되었다.

석존이 보리수 밑에서 명상에 집중하고 있는 동안 악마가 찾아와 때로는 감언이설로 속삭이고, 혹은 위압적인 태도로 기습하여, 깨달음의 길을 방해하고, 깊은 유혹으로 떨어뜨리려고 하였다. 그것은 끝이 없는 오욕의 확대이고, 쾌락의 희구이다. 그러나 석존의 깨달음의 결의는 티끌만큼도 물러서지 않고 의연히 악마를 항복시켜 정각을 이루게 된다. 이 경우 악마는 자기 밖에 존재하는 것이 아니다. 악마는 우리의 가슴에 깊이 감추어져 있는 두려운 번뇌이다. 그렇기 때문에 석존은 번뇌의 어둠無明을 파하고 진실의 지혜道를 향해서 보리를 성취한 것이다. 석존은 진리를 깨달은 것이다.

이 같은 진실의 지혜의 자각과 활동을 석존의 성도라고 한다. 이것이 그대로 불교의 기본적 입장을 명확히 드러낸다.

중도

성도라는 것은 깨달음에 이르렀다는 것, 보리를 성취했다는 것, 혹은 정각을 완성했다는 것, 부처를 이루었다는 것 등 여러 가지로 표현되고 있는데 그 내용은 어떠한 것이었을까? 이에 대해서 경전에는 여러 가지로 설하고 있다. 체험 그 자체를 말과 글로 직접 표현하는 것은 사실 매우 어려운 일이다. 보리수 아래에서 이전에 없었던 위대한 종교체험을 통해 석존이 얻은 독자적 인생태도는 중도였다.

석존의 왕궁에서의 생활은 '삼시三時궁전의 생활'이라고 하는 것처럼 물질만능의 사치가 극에 달하는 환락한 생활이었다. 그러나 석존은 그것이 인생의 올바른 길이 아니라고 믿으며 향락주의를 버렸다. 또 출가한 석존은 '근고勤苦6년'이라고 전해지는 것처럼 철저한 금욕생활을 계속했다. 그러나 이 생활도 깨달음의 길이 아니라고 해서 고행주의를 버렸다. 이와 같이 석존은 향락愛欲주의와 고행苦欲주의를 부정하고 향락과 고행 어느 쪽에도 기울지 않고 중정공평한 조화의 길을 보였다. 이것이 중도의 뜻이다.

극단의 고통. 극단의 낙을 배격함으로써 보이려는 중도를 '비고비낙非苦非樂의 중도'라고 하는데 이는 불교 독자의 실천적인 태도를 표현하고 있다. 이에 대해서 '비유비공非有非空의 중도'는 철학적인 태도를 잘 표현하고 있다고 할 수 있다. 불교의 중도는 극단을 배재하지만 좌와 우의 중간이라거나 단지 한 중앙이라고 하는 것 같은 타협적인 입장이나 평면적 이해에 있는 것은 아니다. 중도는 어디까지나 한 쪽에 기우는 것을 부정하고 차원 높은 적극적 입장 즉 진리의 실천을 의미한다.

진리를 자각하고 불타가 된 석존은 녹야원에 가서 석존과 함께 수행해 온 교진여憍陳如 등 다섯 사람을 위해서 자신의 종교체험 즉 중도를 설했다. 석존은 중도를 이해시키고 실천하도록 골똘히 궁리해서 4가지 형식四諦의 조직을 들어서 설했다. 이 설법은 부처님의 최초설법이기 때문에 이를 '초전법륜'이라 한다. 이 가르침이 불타의 근본교설이고 불교의 요강이다.

전도

깨달음을 얻은 석존은 얼마동안 스스로 얻은 깨달음의 경지에 의한 소중한 즐거움, 즉 '자수법낙自受法樂'에 잠기어 있었다. 어느 날 불교를 수호하는 인도의 오래된 신 범천이 석존에게 "인간의 몸을 받고 또 불타가 되신 것은 극히 희귀한 일입니다. 이 기회에 불타의 설법을 듣게 해 주세요 만일 설법을 들을 수 없다면 인류에게는 이보다 큰 손실은 없습니다. 그러므로 이때 꼭 설법을 해 주세요."(범천권청梵天勸請)라고 간절히 원했다. 그러자 석존은 설법을 결의하고 이윽고 "지금이야말로 불사不死의 문을 열어보자"고 선언하고 금강좌를 떠나 전도의 길에 나섰다.

최초의 이 설법은 이미 서술한 바와 같이 초전법륜이지만 그 후에도 셀 수 없을 만큼의 많은 사람들에게 무상심심의 교법을 설하고 한없는 감화를 느끼게 했다. 이 교법은 인류의 궁극적인 귀의처가 되어 계속 빛나고 있다. 성도한 후 석존의 일상은 진정한 전도의 생활이었다고 할 수 있다.

석존의 전도는 진실의 지혜와 무한의 자비를 촉구하는 것이기 때문에 지극히 자연스럽게 개시되고, 또 속박과 장애가 없음이 계속되었다. 여기서 석존의 전도의 위대함을 느끼게 된다.

입멸

석존 성도 후 45년간은 상대방을 구분하지 않고, 장소와 때를 가리지 않고 전도하였다. 전도는 그 사람 그 사람의 성격과 성질에 맞추어서 법을 설하였다. 마치 병에 꼭 맞는 약을 주는 것과 같다. 그리하여 석존의 설법은 '대기설법對機說法' 혹은 '응병여약應病与藥'이라고 표현하는데 현대적 의미는 명 카운슬러라고 해도 좋을 것이다.

석존은 최후의 최후까지 "스스로를 등불로 하고, 법을 등불로 해서 타인을 등불로 하지 않으면 안 된다 하면서 스스로 귀의하고, 법에 귀의하고 타에 귀의하지 않으면 안 된다." 보편적인 진리법을 자각하고, 진실의 자기주체로 살라고 ─ 장아함경 설해, 자신의 입멸 후 제자들이 의지할 곳까지 명백하게 제시하였다. 석존은 곧 구시나가라의 사라쌍수 아래서 조용히 입멸하였다.

이와 같이 석존은 살아있는 불타의 생애를 마치게 되었다. 천지가 진동하고, 생명이 있는 모든 존재들은 깊은 슬픔에 빠졌다.

   그 때 석존은 80세였고, 2월 15일 밤이었다고 전한다. 석존의 입멸을 대반열반—완전한 열반—이라고 한다.

불교의
의의

불교란 무엇인가

　불교를 공부하려 할 때 제일 먼저 관심을 가져야 할 문제는 "불교는 무엇인가"라는 질문이다. 이는 간단한 것 같지만 결코 그렇지 않다. 왜냐하면 먼저 불교는 아시아에만 미치지 않고 구미 각지에도 전파되어서 현재는 세계적으로 전파되어있기 때문이다. 각 지역 특유의 문화를 융합하면서 각각의 지역 불교, 예를 들면 티베트불교, 중국불교, 한국불교, 미국불교, 일본불교 등으로 불릴만큼 확산되었다.

다음으로는 2500년이란 긴 역사를 갖고 있기 때문이다. 이 긴 역사라고 하는 것은 단지 시간이 길다고 하는 것만이 아니고 그만큼 생성발전의 역사가 길고 다양함을 의미한다. 예를 들면 일본불교에 있어서도 나라시대奈良時代, 평안시대平安時代, 가마쿠라시대鎌倉時代 등 각각의 시대에 따라서 불교의 특징이 다르기 때문이다.

그러므로 불교를 총괄해서 정의하는 것은 어려운 문제이지만 무엇보다 중요한 과제이므로 자세하게 설명하고자 한다.

불교라는 단어에 대해서

여기서는 두 가지를 설명한다.

먼저 '불교'라고 하는 말에 대해서 고찰해 보자. 그런데 '불교'라는 말은 '불'이란 말과 '교'라는 두 가지 말로 구성된 합성어다. 이 합성어를 분석하면 세 가지로 분류할 수 있다.

① 불지교佛之敎
② 불즉교佛卽敎
③ '성불교成佛敎'

‘불지교佛之敎’는 ‘불타의 가르침’이란 뜻으로 ‘불타석존의 종교’라 해도 좋을 것이다. 이 경우는 가르침의 주인인 불타석존을 중심으로 한다.

‘불즉교’는 ‘불타 즉 가르침’이란 의미로 ‘교법진리의 종교’라 해도 좋을 것이다. 이 경우는 언제나 교법진리이 중심이 된다.

‘성불교’는 ‘불이 되는 가르침’이란 뜻이다. 누가 부처님이 될까 라고 하면 그는 중생이다. 간단히 말하면 ‘중생성불의 종교’라 해도 좋다. 성불을 실현하는 중생은 불도를 실천하지 않으면 안 되고, 이러한 실천에 만족하는 불교도는 자연히 중단衆團을 형성하고 불교 특유의 승가를 성립시켰다. 여기 이런 경우는 승가佛敎徒衆團가 중심이 된다.

불교를 ‘불타석존의 종교’라 했지만 이미 논술한 바와 같이 석존은 법진리을 자각하여 불타가 되었기 때문에 불타가 자각한 내용의 본질은 법진리 그것이다. 경전에 "법을 보는 자는 나(불타)를 보고. 나(불타)를 보는 자는 법을 보라"고 한 표현을 보면 분명해진다. ‘불타석존의 종교’라는 말 중에 이미 ‘교법진리의 종교’라는 의미가 포함되어 있다고 이해할 수 있다.

원래 '법法'이란 불타가 이 세상에 출현하느냐, 안 하느냐에 관계없이 엄연하게 존재하는 보편의 진리인 것이다. 따라서 진리는 석존에 의해서 창조된 것은 아니다. 석존이 진리를 체험하고 자각해서 불타를 이루게 된다. 그러므로 불교에는 철두철미한 진리가 있어서 불타가 되는 것이다.

　석존은 마치 수풀에 덮여서 숨겨진 옛길을 발견해 낸 것처럼 혼자서 진리의 길을 깨우쳐 불타가 되었다. 우리들도 불타의 교법을 따라서 불도를 행하면 깨달은 자가 될 수 있다. 바꾸어 말하면 모든 중생이 불타의 가르침을 받들고 불교도로서 불도를 수행하면 부처가 될 수 있는 가르침이 불교이다.

　따라서 '중생성불의 종교'라는 것을 빼고서는 '불타의 종교'도 '법의 종교'도 성립하지 않고 불교의 의미도 상실하게 된다. 그러므로 불교는 '성불의 종교'라고 할 때 그 면목이 선명하게 되고 모든 의미가 구현된다.

　이와 같이 '불교'라고 하는 말은 '불타석존의 종교'. '성불의 가르침'과 '교법(진리)의 종교·법의 가르침'과 '중생(교도) 성불의 종교·성불의 가르침'의 세 가지 의미가 혼연일체되어 있다는 것을 알게 된다. 그렇기 때문에 이 셋 중에서 어느 하나를 취하더라도 다른 둘의 의미가 반드시 구비되어 있다고 이해하지 않으면 안 된다.

위 세 가지의 특색을 정리하면 ①은 불교의 명칭, ②는 불교의 내용, ③은 불교의 목적을 나타내고 있다고 할 수 있다.

오늘의 현대적인 시각으로 불교란 '중생성불의 종교'라고 하는 것이 목적임을 새삼 강조할 필요가 있다. 결국 '불교'라고 하는 말은 '성불교成佛教'의 '성成'이 생략된 것이라고 해도 무방하다.

삼보三寶

두 번째로 '삼보'에 대해서 고찰해 본다. "불교란 무엇인가"라고 물으면 '불, 법, 승 삼보'라고 답할 수 있다. 이 세 가지는 불교의 구성상 도저히 빠뜨릴 수 없기 때문에 불교가 있는 곳에는 반드시 존재한다. 이를 통해 불교의 이미지를 구체적으로 밝힐 수가 있다.

이미 전술한 것처럼 불교라고 하는 말에 대해서 ①은 교주 석존인 불타Buddha, ②는 불타의 교법dharma인 법진리, 그 법을 실천하는 교도들의 중단인 승가saṃgha가 각각의 중심적인 견해라고 하는데 그 불과 법과 승의 셋을 통칭 삼보라고 한다. '보'는 불교도들이 가장 존중해야할 극진한 보배임을 의미한다. 더 상세히 말하면 불보, 법보, 승보라고 한다.

이 삼보에 귀의하는 것이 불교도에게는 가장 중요한 조건이다. 삼보에 귀의하는 것은 시대와 장소를 막론하고 불교도가 반드시 지켜왔다. 석존 재세 당시부터 교단의 입문식에서는

나무귀의불南無歸依佛

나무귀의법南無歸依法

나무귀의승南無歸依僧

이라는 삼귀의를 마음을 모아서 세 번하도록 했다. 이 삼보에 대한 신앙표시의 형식은 현재까지 세계의 불교도가 모든 의례를 행할 때 이행해 왔다.

현재 국제적인 의례에 있어서 '삼귀의문'은 석존 재세 당시와 가장 근접한 말이라고 해서 팔리어

Buddhaṁ saraṇam gacchāmi 나는 부처님께 귀의한다.

Dhammaṁ saraṇam gacchāmi 나는 법에 귀의한다.

Saṅghaṁ sraṇam gacchāmi 나는 스님께 귀의한다.

가 일반적으로 사용된다.

삼보는 보리수 아래서 깨달음을 얻은 불타석존이 녹야원에서 처음으로 사제四諦법륜을 펼쳐서 5인의 제자들이 귀의하면서 성립되었다. 즉 불보는 불타석존이고, 법보는 사제의 교설이고, 승보는 불제자 비구이다.

그런데 이와 같은 원초적인 삼보에서 시대가 경과하면서 삼보에 대한 의의와 해석이 많이 나타났다. 여기에 그 대표적인 예로 두 가지를 제시한다.

① 현전現前삼보

이는 역사상 현전하는 삼보라는 의미로 석존 재세시의 삼보이다. 그러므로 불보인 석존 자신. 법보인 석존의 설법. 승보인 석존의 제자, 비구 비구니교단을 의미한다. 이는 사실적 해석이라고 해도 좋을 것이다.

② 주지삼보住持三寶

주住는 머문다는 것 지持는 가진다는 것이다. 이것은 불타 입멸 이후, 각 시대를 통해서, 넓은 지역에 불타의 가르침을 계속해서 신앙되는 삼보이다.

그러면 현재의 주지 삼보는 무엇인가 하면 불보는 회화, 조각 등의 불상이고, 법보는 서사書寫, 인쇄된 경권經卷, 경전 등의 불교성전, 승보는 삭발하고 승복입은 승려를 지칭한다. 이는 구체적인 해석이다.

현대적 삼보의 의의

위의 해석도 참고하면서 현대적인 삼보의 의의를 고찰해 보자.

① 불보의 불은 '진리를 깨달은 분'이나 '지혜를 깨달은 분', 그리고 '스스로 깨우쳐 다른 이를 깨우쳐 주는 분'으로 교주인 석존밖에 없다. 그런데 역사상에는 석존만이 불佛이었지만 그 후 대승불교가 발전함에 따라서 사고가 크게 변했다.

예를 들면 정토교에서 설하는 것처럼 역사를 초월하면서 우리들을 구원하려고 활동하는 아미타불^{무량수불, 무량광불} 혹은 밀교의 대일여래^{대비로자나불}를 불보로 받들고 있다. 그러므로 본질적으로는 교법의 설자인 우리들의 구제자, 중생의 귀의자인 불을 불보라고 한다.

② 법보의 법은 보편의 진리로 불이 설한 교법이다. 구체적으로는 말로 표현되어있는 경전, 성전이지만 그것을 집대성한 것이 일체경, 대장경, 삼장이라고 부른다. 이 삼장의 장은 진리를 집대성하였다는 뜻이다. 삼(3)은 경^{교설}과, 율^{制戒}과 그 경과 율을 고찰해서 해석과 설명을 덧붙인 논^論을 말한다.

삼장의 내용은 매우 복잡다양하게 펼쳐있지만 간단하게 말하면 모든 사람들이 현실의 괴로움과 번민을 초월해서 절대진리인 열반의 경지에 도달하는 가르침임과 동시에 자유롭고 평등한 평화사회를 수립하고 행복한 세계로 인도하는 가르침이다. 단적으로 말하면 인간이 진실하게 살아갈 신앙실천의 모습을 강력하게 설하고 있다고 할 수 있다.

③ 승보의 승은 무리^衆 혹은 화합중^{和合衆}을 의미해서 불타를 중심으로 그 교법을 듣고 불도를 수행하는 사람들의 화합중

을 의미한다. 이러한 중단衆団의 사람들은 신분, 계급, 직업이라는 세간적인 권위를 완전히 벗어버린다. 단지 비구남성출가자 비구니의 출가행자와 우바새, 우바이의 재가신자는 구별한다. 그러나 양자는 영원한 안심에 머물고 자기의 확립과 완성, 특히 인간의 존엄성에 바탕한 자유와 평등과 평화로운 사회실현을 목적으로 한다.

그러므로 불도를 행하기 때문에 상호 감사와 환희를 바탕으로 협력하고 격려하고 존경하는 마음으로 인사하는 이상적인 중단이라고 할 수 있다. 진종교도의 입장에서 말한다면 자신교입신自信教入信·문법즉전도聞法即傳道의 목적을 실현하는 문법자의 중단이고, 승속일체가 되어서 널리 사회에 전하여 어동붕어동행御同朋御同行의 화합중단을 의미한다고 생각한다.

불·법·승 삼보는 처음 보면 개별적으로 독립되어있는 것처럼 생각할 수 있지만 결코 그렇지 않다. 내면의 깊은 관계로 서로 분리할 수 없는 관계이다. 그렇기 때문에 삼보는 일체일련라고 할 수 있다.

불교는 궁극적으로는 성불교이고 배우고 신앙하고 실천하는 것은 귀의삼보를 빼고는 성립될 수 없다. 성덕태자는 "돈독하게 삼보를 공경하라"고 가르쳤다.

앞에서 기술한 '불교'와 '삼보'의 관계를 요약하면 다음과 같다.

```
        ┌ 불지교佛之敎 ─ 불의 가르침 ─ 불타佛陀의 종교 ─ 불타중심 ─ (명칭) ─ 불보 ┐
불교 ─┤  불즉교佛卽敎 ─ 불즉가르침 ─ 교법진리의 종교 ─ 교법중심 ─ (내용) ─ 법보 ├─ 삼보
        └ 성불교 ─ 불이 되는 가르침 ─ 중생성불의 종교 ─ 승가중심(목적) ─ 승보 ┘
```

불교의
근본
원리

1

법인法印

　긴 시간에 걸쳐서 수많은 민족과 국가를 넘어 광범위한 지역에서 발전해온 불교는 오늘 우리들의 주위에 많은 종지. 종파로 나누어져 현존한다. 여러 종파들의 종지는 모순과 대립이 있는 것처럼 느껴지지만 그럼에도 불구하고 많은 종지가 불교로서 존재하고 있다. 이러한 문제를 어떻게 받아들이는 것이 좋을까?

　여러 가지의 종지가 있지만 그 줄거리는 어디까지나 석존의 깨달음의 내용에서 유래하는 것이어야 한다. 따라서 그 내용은 삼세를 관통하는 보편의 도리이고, 응당 부처님의 대도가 아니면 안 되기 때문에 당연한 것이며 교법으로서의 본질적 일관성을 갖지 않으면 안 된다. 그러나 불교의 종지가 무원칙적으로 확대 전개되어서 좋다는 것은 아니다. 거기에는 반드시 현실의 고뇌로부터 해탈을 말하고, 근본적인 원리가 없으면 안 된다. 그 근본 원리는 당초에 석존이 독자적 입장에서 당시 인도의 종교와 철학에 대한 비판의 결과 수립된 것이다. 그러나 이는 단순히 당초만의 것이 아니고 후세에 발전한 불교에 있어서도 중추적인 원리로서 기능해 온 것이다. 이러한 불교의 근본원리를 '법인'이라고 한다.

'법인'이란 '불교다운 인장印信標章'이라고 하는데 '교법의인'이라 하여 '진리의 기인旗印'이라는 의미를 담고 불교의 특색을 표현하고 있다. 어느 논전에서 "모든 법을 표시하기 위해서 법인이라고 명한다. 이 인印에 따르는 자 즉 이 불경佛經, 이 인을 어기는 것은 곧 불설이 아니다"라고 기술한 것처럼 '법인'이란 불교내도인가, 비불교외도인가를 판단하는 기준 척도에 지나지 않는다.

인도에서 중국에 전해질 때 경전의 번역한역이 행해졌지만 그 당시 전해진 경전은 인도에서 성립된 순서로 전해진 것이 아니며 게다가 여러 가지의 경전이 이입되기도 하였다. 특히 경전의 내용이 법인의 사상에 합치하면 참 불설이라고 인정하고 그렇지 않으면 그것은 불설이 아니라고 판정하였다.

삼법인三法印

원시경전인 『아함경』은 '무상', '고', '무아'의 가르침을 설한다. 이를 일정한 구句의 형식으로 네 가지로 정리한 것이 '사법인四法印'이다. 그것은

① 제행무상인諸行無常印 ── (일체제행이 무상)

② 제법무아인諸法無我印 ── (일체제법이 무유아無有我)

③ 일체개고인一切皆苦印 ── (일체제행이 모두 고苦)

④ 열반적정인(涅槃寂靜印)

이다. 괄호안 내용은 『유가사지론』에 의함

이 '사법인' 중 ③의 '일체개고인'의 의미는 ①의 '제행무상인'의 내용에 포함되어 있다고 해석해서 제외시키기도 한다. 혹은 ①의 '제행무상인'과 ②의 '제법무아인'의 두 곳에

포함되었다고 해석해서 제외하는 경우도 있다. 따라서 이 '사법인' 속에서 ③의 '일체개고인'을 제외한 다른 셋의 법인을 '삼법인'이라고 한다. 이는 용수보살의 『대지도론』에 의거한다.

이와 관현한 설산동자의 유명한 이야기 「무상게설산게」가 있다.

제행무상諸行無常 모든 것은 무상하니

시생멸법是生滅法 이것이 곧 생하고 멸하는 법이다

생멸멸이生滅滅已 생과 멸이 모두 사라지면

적멸위락寂滅爲樂 열반의 즐거움이 된다.

이 무상게는 삼법인의 취지가 조금 다른 형태로 표현된 것이라 하지만 이는 불타의 가르침을 훌륭하게 표현했다고 할 수 있다. 이 게송의 의미는 마음 깊이 감동을 주어 많은 사람들의 인생관 형성에 큰 영향을 주었다.

제행무상인

제행무상은 무엇인가? 먼저 '제행'이란 단어의 의미는 '모든 것'이다. 즉 우리들이 눈으로 보고, 귀로 듣고, 손으로 만질 수 있는, 말하자면 '존재하는 것' 모두를 가리킨다. 또한 '무상'은 정지해 있는 것, 상주하는 것은 없다는 뜻이다. 언제나 생멸변화를 반복해서 잠시도 머물음이 없다는 것이다. 다시 '인'이란 근본의 원리이다. 따라서 '제행무상인'이란 모든 현상은 항상 생멸변화를 반복해서 머물음이 없는 원리라고 말할 수 있다.

모든 것은 원인因과 조건緣에 의해서 만들어진 결과果에 지나지 않는다는 말이다. 다시 말하면 인연에 의해서 생긴 것因緣所生이란 뜻이다.

있는 그대로 자연계, 인간계를 보았을 때 모든 것이 무상인 것은 엄연한 사실이고 누구도 부정할 수 없는 진리다. 밤하늘에 반짝이는 무수한 별은 언뜻 보면 정지하고 있는 것처럼 느껴지지만 사실은 만유인력의 법칙에 따라서 놀라울 정도로 운행을 계속하고 있다. 마당에 있는 나무 한 그루 풀 한 포기도 춘하추동의 계절을 잠시도 쉬지 않고 뿌리를 내리고 잎을 내밀고 꽃을 피워 결실을 만드는 변화를 계속 하고 있다. 인간의 세포도 항상 신진대사를 반복하고, 7년이면 그 전부가 바뀐다고 한다. 정신적인 면도 동일해서 순간도 멈추지 않는다. 그러므로 우리들 인생 전체는 순간순간 변화의 연속이다.

단락무상段落無常

이와 같이 자연계도 인간계도, 육체도 정신도 모두가 시시각각 변하여 달라진다고 하는 제행무상의 원리는 분명한 사실이고, 특별하게 증명을 요구하지 않는 자명의 이치이다. 그런데 석존 이전의 철학자들은 아직까지 이 도리를 간파하지 못했다. 그들은 무상이라는 사실에 완전히 눈을 가리고 있었다. 그러나 무상이라고 해도 생생기, 주안주, 이衰異, 멸괴멸로 한 단 한 단 단계적으로 변화한다고 하는 '단락무상'을 주장하고 있었다.

찰나무상

불타에 의해서 밝혀진 제행무상은 세계의 존재와 모든 것은 매 순간 생멸변화 한다는 '찰나무상'이다. 찰나는 순간, 순시라는 의미이기 때문에 이 무상은 모든 존재가 매 순간 생멸변화해서 한시도 정지할 수가 없다는 원리이다.

이 원리는 모든 현상존재의 상주성常主性, 영원성을 인정하지 않는다고 하는 불교의 근본적인 입장을 명확하게 나타내 준다. 우리들의 현상세계는 이와 같이 어디까지든지 무상전변이고 '화택무상의 세계'에 지나지 않는다.

또한 '제행무상인'은 불교가 현실적인 사실의 인식에서 발상, 출발했다는 것을 단적으로 나타낸다. 원래 불교는 사실을 단지 사실로서 밝히는 것만으로는 의미가 없다고 하여 "인생은 무상이기 때문에 고苦다." 혹은 "인생은 무상이기 때문에 무다."라고 말하는 것처럼 사실을 바르게 앎에 의해서 자기 인생의 근원적인 과제에 다가가 바르게 해결할 때 불교의 참 의미가 있음을 잊어서는 안 된다.

무상관

제행무상의 원리를 이해하고 여기서 종교적인 훈계, 즉 실천적인 의미를 찾아보는 것이 중요하다. 그 의미를 세 가지로 나누어 설명한다.

① 제행은 무상이라고 이해하면 인생은 유한하다. 언제 어디서 어떻게 될까, 전혀 헤아릴 수 없는 불안정한 상대적 존재인 것을 알게 된다. 그러면 자연히 절대적인 가치를 구하

는 종교심이 발휘되고, 자신의 삶의 방법 자체에 대해서 깊은 반성을 하게 되어 넓은 시야로 진정한 본래 모습의 상相을 보게 된다. 그 결과 인간은 자만심을 버리고 자연과 인간이 본래 일체가 되어야 함을 깨달아 조화로운 삶을 추구해 나갈 수 있다.

② 제행무상을 깨달으면 인생은 두 번 올 수 없는 비가역성非可逆性을 가졌다는 것을 알아차리게 된다. 그렇다면 지금 촌각을 아껴서 하루하루를 열심히 살아야 할 중요성을 알게 된다. 조금이라도 나태심을 극복해서 자기 확립과 인격향상을 도모한다면 자유 평등한 사회의 실현에 공헌하게 될 것이다.

③ 무상관에 의해서 인간세계의 허망성虛妄性을 바르게 인식할 수가 있다. 그래서 자기我와 자기의 소유我所에 걸쳐진 지위, 명예, 재산 등에 대한 집착심을 버리고 진실을 찾는, 진실이 살아있게 하는 생활태도를 가질 것이다. 그것이 나와 남, 혹은 그것과 이것과의 여러 가지 차별의 망념을 배제해서 진실한 인간평등의 사회를 실현시키는 추진력이 될 수 있을 것이다.

불교의
근본
원리

2

제법무아인諸法無我印

제2의 '제법무아인'은 제1의 '제행무상인諸行無常印'에서 도출된 귀결로서 대단히 중요한 법인法印이다.

이 '제법무아인'을 한마디로 말하면 일체의 것에는 고정된 실체아實体我는 일체 인정되지 않는다는 원리이다. 이 원리는 불교의 특색을 잘 나타내고 있다.

제법諸法

제법무아의 제법이란 만법萬法 또는 만유萬有라고도 하며 모든 것이라는 의미이다. 물건이라고 하면 곧 물物, 물체物体 라든가 사람이라 생각하게 되나 반드시 물건이나 사람으로 한정되는 것은 아니다. 예컨대 우리들은 애정이라 하는 것이든지 책임이라 하는 것과 같이 쓰며 상태나 사상事象을 칭하는 경우에도 물건이라 한다. 간단히 말하면 상식적으로 개념화되는 것을 물物이라 하고 다른 말로 하면 현상인연에 의하여 생성되고 있는 것이다.

그러나 여기서 말하는 제법諸法, 곧 모든 것이란 현상만을 말하는 것이 아니라 더욱 범위가 넓다. 즉 인연에 얽히지 않는 본래적으로 자연히 존재하고 있는 법성法性이나 이성理性 혹은 실재實在, 본체本体까지 내포하고 있다.

그러므로 제행이란 현상現象만을 의미하므로 범위가 좁지만 제법諸法의 현상은 원래부터 법성法性이나 실재實在까지 포함하고 있으므로 범위가 매우 넓다. 원래 제행과 제법은 같은 의미라 생각하는 사람도 있지만 불교 발전의 입장에서 해석하면 양자는 분명히 다른 것이다.

무아無我

무아無我는 간단히 생각하면 내가 없다라는 것으로 나에 대한 부정이다. 그렇다면 아我란 어떤 의미를 갖고 있는 것일까?

석존 이전의 인도 철학자들은 신체나 정신은 언제나 변화한다. 그럼에도 불구하고 우리들의 어디인가에 무엇인가 영원히 생멸변화生滅變化하지 않는 고정된 실체가 있는 것으로 생각하고 있었다. 이를 아트만이라 한다.

이 말의 어원은 호흡呼吸을 의미하는 동사에서 나온 말인 것 같다. 호흡이란 생명을 유지하며 존속시키는 근원적 실체를 지녔다고 하여 영혼의 뜻이 포함되었다. 이러한 뜻에서 중국에서 아我라 번역하였다.

그렇다면 한역漢譯은 아我에 대해서 어떻게 해석되고 있는 것인가? 일반적으로는 상일주재常一主宰의 의미로 해석되고 있다.성유식론에 의함 즉, 상常이란 상항常恒의 뜻으로 변화하지 않는다는 것, 일一이란 독일獨一의 뜻으로 단독이라는 것, 주主란 주뇌主腦의 뜻으로 자재自在라는 것, 재宰란 사재司宰란 뜻으로 지배한다는 의미를 지니고 있다.

따라서 아我란 변화하지 않는 상주의 뜻이 있어서 단독자로서 물物을 자재로 지배하는 뜻이란 뜻이 된다. 다시 말하면 나라고 하는 상주常主의 일물一物이 자기의 전체 운명을 지배하는 고정적 실체를 의미한다.

　그들은 이와 같은 나我 즉, 영혼이 이 세상뿐만 아니라 죽은 뒤에도 존속되어 윤회를 되풀이하는 것이라 생각하고 있었다.

　그러나 제행무상의 원리를 자명自明의 이理라 한 불타는 고대의 철학자들에 의하여 지지되어 온 영혼 불멸의 사고에 의문을 품었다. 모든 것이 변화하는데 아트만我만이 생멸변화하지 않는다는 것은 용인되지 않는다고 하여 이 아我의 사상을 바탕에서부터 바꾸어 나갔다. 이것이 제법무아諸法無我의 주장이다.

　이 같은 주장은 고대 인도의 철학자들이 생각하고 있던 나我의 존재를 부정할 뿐 아니라 어떠한 것에도 상항불변常恒不變의 고정적 실체를 인정하지 않는다는 사상이 되어 이윽고 대승불교의 철저한 공空 사상으로 발전해갔다.

가아假我

　그렇다면 우리들이 일상적으로 자기라든가 나라고 하는 상식적인 나를 어떻게 생각해야 되는가가 문제가 된다. 이에 대하여 불교에서는 결론부터 말하면 가아假我란 오온五蘊 가화합아假和合我라고 하였다. 이는 인연에 의하여 오온五蘊이 가합하여 화합하고 있는 나라는 의미이다. 따라서 인연이 사라지면 우리들의 이 가아假我는 스스로 해체되는 것이다.

오온五蘊은 색色 즉 물질, 수受 즉 감정, 상想 즉 개념과 행行 즉 의지, 식識 즉 의식의 다섯 가지 요소이다. 이 오온 중에 색온은 육체, 다른 4온은 정신 및 정신작용이다. 따라서 가아란 심신心身이 합생合生하고 있는 양태로 가정하여 나라 하고 고정적인 실체아實体我가 있다는 것이 아니다.

무자성無自性

무아無我란 비아非我라고도 번역하나 대승불교에 있어서는 공空이라는 말을 많이 쓰고 선종계禪宗系에서는 무無란 글자를 많이 쓴다. 또한 무자성공無自性空이라 하는 경우도 있는데 이것은 무자성의 공空이란 의미이다. 이 무자성無自性이란 물질에는 고정된 자체自体의 성性, 즉 성질이 없다는 것으로 이 또한 물질에는 실체적 고정성이 없다는 것을 시사하고 있다.

만약 물질에 자성自性이 있다고 한다면 그것은 영원히 다른 것과는 상관관계 없이 단독으로 존재하는 것이 된다. 그러나 현실의 나와 우리들을 둘러싸고 있는 사회의 일체의 것은 다른 것과 무관계로 단독으로 존재하는 것을 허락하지 않는다. 어디까지나 다른 것과의 상관관계에 있어 연기적으로 존재하며 즉, 모든 것은 모두 무자성無自性이며 무아無我, 공空이 아니면 안 되는 것이다. 이와 같이 무자성은 무아사상 성립의 유력한 근거가 되었다.

무아無我의 실천적 의미

제법무아의 실천적 의미는 어디에 있는 것일까 이를 무소득無所得과 무애無碍라고 하는 두 측면에서 생각해 보기로 한다.

① 무소득이란 소득의 부정을 의미하고 물질에 집착하지 않는다는 것이다. 우리들은 매일의 생활 속에서 자기와 자기의 소유물에 집착하고 그것이 고정 상존常存의 것으로 생각하며 나아가서는 그 소득을 확대하고자 희망하고 있다.

이와 같은 생활 습관에 매몰되어 있는 우리들은 언제나 이기주의에 떨어지고 말 것이다. 그러나 무아無我의 도리를 바르게 안다면 스스로 무소득, 무집착의 생활을 실천할 것이다. 흔히 무아란 집착하지 않고 집착의 관념을 타파하는 것이므로 일상의 실천적 태도로 연결되어야 한다.

② 무애無碍란 장애가 없다는 뜻으로 자유자재를 의미한다. 자유자재란 무소득의 완성된 상태에서 활동하는 것으로서 그 활동은 반드시 법法의 진리에 관련된 것이 아니면 안 된다. 따라서 자유자재라고 하여 기분 나는대로 자기 마음대로란 의미가 아니다. 이와 같은 무애자재의 방식을 일상생활에 구현하는 것이 그대로 불교의 생활이다.

사람들의 제법무아의 원리에 대한 참된 바람은 모든 것은 모두 무자성이란 경우에서 무소득 무애의 실천에 매진하는 것이다. 이로써 자기중심의 사고방식을 배제하고 자타自他의 대립을 넘어선 차별의 관념을 부정하여 자유평등의 평화 사회를 실현하는 생활실천이 높아지게 될 것이다. 이는 또한 동시에 살아 있는 모든 것에 대한 자비연민의 마음을 지니는 넓은 이타주의의 실천이 힘차게 전개되는 것이다.

열반적정인涅槃寂靜印

재행무상이 자명의 이치이며 제법무아가 진리란 것도 알지만 그럼에도 불구하고 우리들은 무엇인가 영원히 변하지 않는 실체가 자신의 어디인가 있는 것 같은 느낌을 갖고 여기에 집착을 일으키고 있는 것이 숨길 수 없는 모습이다. 이것이 참으로 미迷한 것이다.

자기의 무한 상주를 바라고 자기에 집착하는 인간의 근본적 욕망을 탐애貪愛 또는 갈애渴愛라고 한다. 목마른 사람이 열심히 물을 찾고 있는 것과 같이 자기의 욕망을 확대하여 그 만족을 구해 나가는 충동적 감정이겠으나 이와 같은 갈애에서 번뇌煩惱가 일어나게 된다.

번뇌煩惱

번뇌란 우리들의 심신을 어지럽게 하는 것이다. 그리하여 이를 마음의 병이라 하여 혹惑이라 하고, 마음의 상처라고 하여 심후心垢라 하고 마음의 지장이란 뜻으로 장障이라 한다. 번뇌는 108번뇌라 하고 있는 바와 같이 우리들은 많은 번뇌를 가지고 있으나 그 대표적인 것이 탐貪, 진嗔, 치癡의 삼독이다. 이 삼독은 강한 힘을 지니고 있어 삼독의 번뇌라 한다.

우리들은 이 같은 번뇌 때문에 미迷한 생활을 계속하고 있으므로 미迷한 세계를 넘어 새로운 깨달음을 열기 위해서는 번뇌와 대치하지 않으면 안 된다.

그리하여 번뇌를 다시 일으키지 않으려 노력하고 그를 위해서는 절대 안주의 경지에 도달하지 않으면 안 되는 것이다. 이와 같은 불교 구극의 이상경을 나타낸 것이 제3의 열반적정인涅槃寂靜印이다.

열반涅槃의 의의

열반이란 깨달음의 세계를 말한다. 열반의 원어原語는 니르바나로 불어 없앤다든가 불어 없어진 상태를 말한다. 원시경전의『아함경阿含經』에는 모든 탐욕의 멸진, 진심嗔心의 멸진, 우치愚癡의 멸진이라 하며 이를 열반으로 설명하고 있다. 또한 이 어휘는 7세기 이후의 한역으로는 원적圓寂, 7세기 이전의 구역舊譯에서는 멸도滅度라 번역하고 있다. 즉 열반이란 모든 번뇌가 소멸되어 멸진된 상태라든가 무고안은無苦安隱의 상태를 의미한다.

또한 열반이란 난무亂舞하는 번뇌가 없어진 절대 안주의 경지이므로 적정寂靜 그 자체이다. 그리하여 열반은 적정이란 의미로 열반적정涅槃寂靜이라 한다.

석존 이전의 종교가들도 이상의 경지를 열반이라 하고 있었으나 그 열반은 일시적으로 무념무상無念無想의 경지에 달하는 것만으로 천상계에 태어나는 길이라 하고 있었다. 이에 대하여 석존은 그것은 단적인 자기도취적인 경지이므로 참된 열반은 아니라고 하여 멸滅의 의미를 크게 전환하여 기본적으로는 정신적인 절대 적정의 경지라고 설했다. 이것이 석존 열반관의 특징이다.

그러나 석존의 열반관에 대하여 석존 멸 후 시간이 경과함에 따라 그를 적극적으로 보느냐 소극적으로 보느냐 하는 상이점이 생기게 되었다. 부파部派불교에서는 멸진滅盡이란 의미에 얽매여 매일 일어나는 고뇌의 상相을 나타내는 인간세상을 도피하여 공적空寂의 경지에 들어 인생을 전면 되돌아보는 일이 없는 상태에 이르는 것이 이상적인 열반이라 생각하였다.

그들은 인간에게는 정신이나 육체가 있으므로 깨닫지 못하는 것이지 그 근본에 있는 신체와 마음의 모두가 없어진 경지

灰身滅智가 열반이며 그 열반은 현재의 세계, 현실의 인생과는 어떤 교섭도 없다고 하는 소극적 의미를 지니고 있었다. 이와 같은 열반관을 강조하면 사람들은 열반을 실현하기 위하여 인간세상과 동떨어진 심산유곡에 들어가서 명상하거나 수선修禪을 해야 하므로 결국은 인생도피의 종교가 되고 만다. 이러한 그릇된 사유 때문에 참된 불도佛道가 성립되어야 했다.

대승大乘의 열반사상

이상의 열반사상에 대하여 대승불교大乘佛敎 시대가 되면 자성청정 열반自性淸靜涅槃이나 무주처열반無住處涅槃 등의 해석이 나타나 보다 적극적인 의미 부여를 하게 된다. 그 중에서도 대표적인 열반관이라 생각되는 무주처열반에 대하여 설명한다.

무주처열반이란 주처住處가 없는 부처의 깨달음의 세계이다. 어떻게 하여 주처가 없는가? 열반은 이미 번뇌를 단절하고 있으므로 미迷한 세계 즉, 생사의 고해苦海에 살고 있지 않다는 것이다. 그렇다고 하여 열반의 세계에 안주하고 있는 것이냐고 한다면 그렇지도 않다. 참으로 주처가 없는 열반인 것이다.

불교는 대지大智인 고로 생사에 머물지 않고 대비大悲인 고로 열반에 살지 않는다. 부처는 진실의 지혜를 향하여 무변의 대지大智를 가지고 있기 때문에 생사의 미계迷界에 사는 일이 없고 또한 광대한 자비를 지니고 무량의 대비大悲를 갖고 있으므로 열반의 오계悟界에 안주하는 일이 없다. 대지대비大智大悲의 깨달음의 세계는 어디까지나 생사를 싫어하지 않고 열반을 즐기지 않는, 다만 중생을 품어 안는 활동의 세계이다.

그러므로 무주처열반이란 생사에도 열반에도 집착하는 일이 없고 어디까지나 중생 구제에 헌신할 수 있는 대자대비의 적극적인 이타활동의 세계이다.

또한 단지 이理로써 고정적으로 있는 정지의 세계가 아니라 언제나 우리들과 깊이 관련되어 있는 약동躍動의 세계라고 할 수 있다. 이와 같은 열반관이야 말로 불교의 이상이며 동시에 대승불교의 큰 특징이다.

이상으로 불교의 근본 원리인 삼법인三法印의 개요에 대하여 논술하였다. 그 취지는 생사의 고뇌를 해소하여 열반을 향하는 불교의 진면목이다.

즉 인생의 일체는 고苦이다. 인생의 제상諸相의 모든 것은 무상하지 않는 것이 없기 때문이다. 제상이 무상이란 것을 알게 되면 그곳에는 자기가 집착할 수 있는 고정적 실체가 존재하지 않는다는 것을 알게 된다. 따라서 그곳에는 상대차별의 허망과 애욕을 멀리하고 무집착의 절대평등 진실의 열반을 증득^{證得}하게 됨을 일러주고 있다.

여기서 불교의 다양한 종파의 교리가 각각 면목을 달리 하면서도 그 바탕에는 삼법인^{三法印}의 원리가 활동하고 있음을 잊어서는 안 된다.

석존의
근본
교설

진리의 실천

인간의 궁극적인 모습은 틀림없이 고苦 이외 아무것도 아니지만 일상생활상에서 고苦와 낙樂이 있음은 피할 수 없는 사실이다. 그 사실에 바탕하여 중도中道란 것을 생각해 보면 그것은 고와 낙과의 단순한 타협적인 중간이란 의미는 아니다. 중도란 극단적인 사고방식이나 존재 방식을 배제한다. 어디까지나 대립하는 동지同志의 조화를 꾀하여 그를 실천하는 길 즉, 중정中正의 길을 모색하는 것이다.

따라서 낙이 있으면 낙으로서 있는 그대로, 고가 있으면 그대로 고로서 받아들여 고나 낙의 어떤 것에도 집착하지 않는 곳에 참다운 비고비낙의 중도가 현실적 의미를 지니게 된다. 즉, 자기중심적 생활을 하려는 아집我執에서의 해방을 의미하는 것이라 하겠다.

그러므로 중도의 실현에 있어서는 단적으로 인생의 일부를 보는 것이 아니고 넓은 시야에서 전체를 바로 보려고 하는 것이 필요하다. 후세에 이르러 중도에 대하여 여러 가지 설명이 더해졌으나 양극단의 사고방식을 배제하고 양면을 떠남에 의하여 실현되는 중도의 길 혹은 조화의 도道라고 하는 점에서는 일치하고 있다. 따라서 중도란 중中의 실천, 조화의 실천이다. 이를 한마디로 말하면 진리의 실천이란 말이 된다.

초전법륜初轉法輪

진리의 실천이란 구체적으로 어떤 것을 말하는 것일까. 석존이 불타가 된 이후 녹야원에서 곤다니아憍陳如 등 5비구를 위하여 행해진 최초의 설법인 초전법륜에서 분명히 밝히고 있다.

이 설법은 불타 석존의 근본 교설이므로 불교의 요체라 할 수 있다. 그 내용을 구체적으로 제시 한 것이 다음에 논술하고자 하는 사제四諦 팔정도八正道이다.

사제四諦

사제의 제諦란 도리 또는 진리라고 하는 말이므로 사제란 네 개의 진리란 의미이다. 사제의 설법 내용은 중도라고 하는 실천적 태도를 그 당시 행해지고 있던 의술醫術의 틀로 설명한다. 이는 불교의 종교체험을 그대로 설한 것이 아니라 많은 사람들에게 깨달음을 잘 이해시키려는 의도에서 마련되었다.

의사는 먼저 ① 환자의 용태를 바르게 파악하기 위한 검사를 하여 바르게 증상을 알게 된다. 다음으로 ② 그 병의 근원을 바르게 진단하여 원인을 바르게 밝힌 이후 ③ 환자에게 적당한 의술로 치료하여 회복하게 한다. 한편 ④ 병이 회복되어도 재발하면 안 되므로 예방 조치를 취할 필요가 있는 것이다.

『잡아함경雜阿含經』에 명의名醫란 ① 병을 잘 알고 ② 병의 근원을 잘 알고 ③ 병을 잘 알아 대처하고 ④ 잘 치료하여 다시는 발동하지 않게 한다고 되어 있으니 이것이야 말로 참다운 명의라 할 수 있다. 석존은 명의와 같이 병든 일체중생을 근본적으로 치료하여 미혹에 빠진 우리들을 깨달음의 세계로 인도한다. 이렇게 석존이야 말로 참다운 대의왕大醫王이라 할 수 있을 것이다.

여기서 사제란 고제苦諦 집제集諦 멸제滅諦 도제道諦를 말하는 것으로 이를 4성제四聖諦라 한다.

1. 고제苦諦

고제란 인생의 진실한 모습의 상相은 고苦라는 진리

고제는 4제의 첫 단계로서 진리의 상을 밝히는 과정이다. 인생은 고苦다 라고 한 것은 불타의 인생관의 근본 명제이다.

우리들의 인생은 사실 병을 앓고 있는 여정이다. 그 중핵中核이 고苦이다. 고苦에는 개인적 요인이나 사회적 조건에 의한 여러 가지 종류가 있다. 그것은 우리들에게 생리적 신체적 고통, 심리적 감각적 고통으로 표출된다. 불교에서는 인간이 사는데 있어 구체적인 8가지 고를 설하고 있다. 즉, 생노병사의

사고四苦와 애별이고愛別離苦 원증회고怨憎會苦 구부득고求不得苦 오온
성고五蘊盛苦의 4고를 합하여 팔고라 한다.

(1) 생고生苦-태어나는 고통

이 고는 현재 우리들이 직접 인지할 수는 없지만 생존 그
자체가 고라고 한다면 태어나는 것 자체도 고이다.

(2) 노고老苦-늙어가는 고통

젊을 때는 이해하기 어렵지만 이윽고 심신心身이 노화하면
할 일을 비롯하여 제반사에 걸쳐 생각대로 되지 않고 그것이
심각한 고로 받아들여진다. 늙음에 따라 젊음을 되돌아보는
것은 늙음을 고로써 살지 않으면 안 되는 현실을 말한다.

(3) 병고病苦-병의 고통

건강하게 살고 있을 때는 모르나 이윽고 병에 걸리면 이
고통을 잘 알게 된다. 불치의 병에 걸린 사람의 고통은 심각

하다.

(4) 사고死苦 - 죽음의 고통

죽음은 인간에게 있어 최고의 공포임은 말할 것도 없다. 어떤 사람도 피할 수 없는 최대의 고苦이다.

(5) 애별이고愛別離苦 - 사랑하는 사람과 헤어지는 고

사랑하여 만난 부부라 할지라도, 서로 돈독하게 사랑하는 자식 혹은 형제자매, 신뢰하는 벗이라 할지라고 반드시 헤어지는 날이 닥쳐온다. 이는 인간세계에서 회자정리會者定離라 말하는 슬픈 고이다.

(6) 원증회고怨憎會苦 - 원수같이 미운사람과 만나는 고

이것은 애별이고와 반대로 느끼는 고라 하여도 좋을 것이다. 마음에 들지 않는 사람, 싫은 사람들과도 사회생활을 같이 하지 않으면 안 되는 고이다.

（7）구부득고求不得苦 – 구하려 하여도 얻지 못 하는 고

인간의 욕망은 다종다양하고 게다가 끝이 없어서 그것이 충족되지 않으면 생기는 고이다.

（8）오온성고五蘊盛苦 – 인간을 형성하고 있는 다섯 요소에서 생기는 고

오온이란 인간을 형성하고 있는 다섯 가지 요소인데 크게 구분하면 신체와 마음이다. 이 심신의 작용이 고를 생기게 한다. 그러므로 이는 생존자체의 고통이라 하여도 좋을 것이다.

이상에서 살핀 바와 같이 인간이 생존을 하는 바탕에서 생기는 고를 팔고라 제시하였다. 이러한 생존의 고가 우리들 인생의 실제 모습이다. 대의왕인 석존은 병을 앓고 있는 환자의 용태를 이렇게 바르게 진단하였다.

그렇다고 한다면 그 병의 근원 8고의 원인은 대체 무엇일까? 그것을 밝힌 것이 집제集諦이다.

2. 집제集諦

인생의 참모습은 고이고 그 원인이 번뇌라는 진리

집제에서 집集이란 불러 모은다는 의미로 결과를 생기게 하기 위하여 모여진 원인이다. 그러므로 앞에서 인생의 참모습은 고라 하였고 그 고의 원인, 질병의 원인을 제시하였다. 이 원인이 바로 번뇌이다.

번뇌란 우리들의 심신을 괴롭히는데 그 대표적인 것을 삼독=毒의 번뇌라고 한다. 이러한 번뇌의 근본은 갈애로 끝이 없는 욕망의 바탕에 서성이는 정서적 측면의 번뇌이다. 예컨대 지성적 측면의 번뇌가 무명無明이라 한다.

삼독의 번뇌는 이 갈애와 무명이 이끌고 있다. 우리들은 밤낮으로 이러한 번뇌에 둘러싸여 고뇌를 지속하고 있다.

대의왕인 석존은 ① 병을 잘 알고 ② 병의 근원을 잘 알라고 제시하고 있으나 우리들 인생의 진상에 있어 고제苦諦는 결과, 집제集諦는 원인이라 할 수 있다. 즉 결과의 현실을 바르게 파악하여 그 원인을 분명히 밝히고 있다. 이 양자의 관계에는 고의 현실의 결과와 그 원인, 즉 어리석은 세계인 현실세계의 인과관계가 명시되어 있다.

이같은 패턴은 다음 멸제滅諦와 도제道諦의 설명과도 관련이 있다.

3. 멸제滅諦

인생의 고를 멸한 경지가 열반이란 진리

멸제는 고의 원인인 번뇌가 모두 사라진 절대 안주의 깨달음의 경지로 열반이라 불리는 세계이다. 열반은 번뇌의 속박에서 해방된 망념妄念이 완전히 소멸한 상태, 미혹의 근본이 단절된 절대 자유와 평등, 평화로운 이상의 세계를 말한다. 그렇다면 그 열반을 실현하는 방법은 무엇일까?

4. 도제道諦

고를 멸하여 열반을 실현하는 길이 팔정도八正道라는 진리

도제는 고의 원인인 번뇌를 멸하여 인간이 이상으로 하는

열반을 실현하는 수행 방법을 설한 것으로 그 구체적 해법이 팔정도이다. 따라서 도제는 ③ 병을 잘 알아 대치함에 해당하고 멸제는 ④ 치병을 잘 알아서 다시는 발동하지 않도록 하는 것이다.

그리하여 멸제는 고苦를 멸한 이상의 세계결과를 표현하고 도제는 그 이상을 실현하는 길원인을 제시하여 이 양자는 증오證悟의 세계 즉 이상 세계의 인과관계를 분명히 한다.

따라서 고집멸도의 사제四諦는 미계迷界의 결과고제와 원인집제의 두 가지와 깨달음의 결과멸제와 원인도제의 두 가지이다. 다시 말하여 '미迷오계悟界양계 인과'의 4가지 진리와 그 관계를 표현한 것이라 할 수 있다. 이를 도시하면 다음과 같다.

팔정도八正道

팔정도는 도제의 내용을 구체적으로 드러낸다. 정견正見, 정사유正思惟, 정어正語, 정업正業, 정명正命, 정정진正精進, 정념正念, 정정正定의 8개항이다. 이 팔정도는 모두가 성聖스러운 수행이라고 하여 팔성도八聖道라고도 한다.

(1) 정견正見 ─ 바르게 보는 방법, 바르게 보는 생각

여기서 '정正'이란 제행무상 제법무아 등의 도리나 연기緣起의 이법理法이다. '견見'이란 보는 방법, 생각하는 방법이다. 이는 본질적으로 부처의 지견知見 = 지혜인데 여기서는 도리道理 이법理法에 관련된 견해라 할 수 있다.

이와 같이 중도中道를 지향해서 불도를 실천하는 팔정도의 출발점에 이 '정견正見'을 두어 불교적 인생관을 확립함에 있어 필요성을 강조하였다. 그리하여 제2의 '정사유' 이하는 어떻게 하면 '정견正見'에 도달할 수 있을 것인가를 상세하게 설하고 있다.

(2) 정사유－'정견正見'에 맞는 바른 의사나 사색

바른 의사나 사색에 의지하지 않으면 참된 불도를 바라볼 수 없게 된다.

(3) 정어正語－'정견'에 합당한 바른 말과 언어

이것은 단순히 거짓말을 하지 않는다. 남의 험담을 하지 않는다는 것이 아니라 자타自他가 다 같이 좋아하는 말, 부드러운 말까지 포함하는 진리를 의미한다.

(4) 정업正業－자신이 행한 바가 '정견'에 일치되는 바른 행위

이는 사악한 행위를 하지 않는다는 것으로 올바른 자각적 행위를 의미한다.

(5) 정명正命－'정견'에 입각한 적극적인 생활

이는 바르고 청정하게 살아감을 의미한다.

(6) 정정진正精進 – '정견'에 입각한 적극적인 노력

지혜의 이상을 실현하기 위한 철저한 노력을 의미한다. 정진이란 육식을 하지 않는다는 의미로도 해석하고 있으나 본래는 크게 노력한다는 뜻이다.

(7) 정념正念 – '정견'에 입각한 바른 사념思念

이상과 목적을 언제나 계속 생각하여 바른 반성과 주의를 하고 그 염원을 잊지 않고 생활한다.

(8) 정정正定 – 바른 정신통일

정定이란 선정좌선禪定坐禪의 뜻으로 정신을 한 곳에 집중 통일하는 것이다. 이리하여 비로소 진실된 지혜의 눈을 떠 열반의 깨달음을 얻을 수 있게 되므로 정정은 결코 빠트릴 수 없는 중요한 도道이다.

이상과 같은 팔정도는 제2의 '정사유'에서 제7의 '정념'까지의 여섯 가지에 대해서는 제1의 '정견'을 근본으로 하여 일상에서의 구체적 실천을 강조한다. 그리고 그것이 제 8의 '정정'으로 매듭짓고 있다는 것은 '정견'이 선정禪定이라는 실천에 의하지 않으면 팔정도가 성립되지 않음을 분명히 하고 있다. 이는 곧 고苦＝번뇌를 멸하여 열반을 실현하는 '도제道諦' 곧, 팔정도가 실천수행을 필수로 하고 있음을 나타낸다.

9

불교의
중심
사상

1. 여실지견如實知見

불타는 열반을 얻는 방법으로서 팔정도를 제시하였고 그 첫 번째로 '정견'을 설하였다. '정견'이란 인생에 대한 여실의 지견知見이다. 즉 "사실을 사실대로 있는 그대로 본다"고 함이다. 객관적으로 사실을 모사할 뿐 아니라 사상事相의 진실의 상을 바르게 살피라고 하였다.

불교의 원리를 바탕으로 있는 그대로를 보면 제행諸行은 무상無常이고 제법은 무아이며 나머지 모든 것은 무자성無自性

이다.

인생의 모든 것에 걸쳐 있는 그대로의 상태를 보면 모든 것
은 단독으로 생겨나는 것은 없다. 어떤 것이든지 반드시 다른
힘을 빌려 일어나며 다른 것과의 관계 속에 성립한다. 이와
같이 "모든 현상은 관련을 가진 관계에서 생기生起하고 존재하
고 있다"는 관계를 '연기'라 하였다. 다시 말하면 세상의 모든
존재는 모두 연기적으로 존재한다. 불교의 근본 입장은 연기
하고 있는 사실 이외에 고정된 실체는 인정하지 않는다.

2. 연기의 어의

'연기'란 말은 인도의 옛말이 한역漢譯 된 것으로 인연, 인
연생, 인연법이라고 하여 "연결하여 일어난다는 것"이다. '어
떤 조건에 따라서'라는 것과 '일어난다'는 말이 결합하여
"어떤 일정의 조건에 의하여 현상이 일어나"는 현상이라 할
수 있다.

모든 현상이 생멸변화하여 끝이 없다는 것은 종종 논술한
바이나 그 변화를 무괘도無軌道냐고 한다면 결코 그렇지 않다.
어떤 일정한 조건하에서 변화하고 어떤 일정한 움직임을 하

고 있다. 이러한 변화나 움직임이 일정한 도리道理의 원칙이다.

따라서 '연기'란 '연기의 도리 이법理法'이라는 의미를 지닌다.

세간에서는 흔히 '연기가 좋다 나쁘다', 또는 '연기에 메어 있다'라고 한다. 그 경우의 '연기'는 '물건이 일어나는 연유'라든가 '전조前兆' 정도의 의미이다.

또한 일상의 길흉이나 방향의 좋고 나쁨을 말할 때에도 쓰이고 있다. 그러나 이러한 연기는 불교 본래의 연기의 의미와는 전혀 다르다. 이러한 불합리한 생각은 고쳐야 할 대상이다.

연기에 대해서 일반적으로

(A) 이것이 있음으로 저것이 있고

(B) 이것이 일어남으로 저것이 일어나고

(C) 이것이 없음으로 저것이 없고

(D) 이것이 멸함으로 저것이 멸한다

라고 『잡아함경雜阿含經』에서 말한 바와 같이 모든 현상은 상호 인因이 되고 연緣이 되어 상의상존相依相存하는 도리를 지닌다.

이러한 상관성이나 상의성은 여실지견如實知見에 따라 살게 되면 명쾌하게 알게 된다. 그것이 진리眞理 혹은 법法이다. 즉

"연기를 보는 자는 법法을 본다. 법을 보는 자는 부처를 본다"라고 하는 바와 같이 불타도 연기라고 하는 보편의 진리를 자각하여 부처가 되었다.

이와 같이 '연기'는 모든 것의 존재를 상의相依상관相關의 관계라고 하므로 이것이야말로 참된 불교의 중심사상이다.

3. 연기의 일반적 설명

앞에서 제시한 『잡아함경』의 설법에 대해서는 여러 가지 해석이 가능하지만 그 근본은 연기의 기초적 설명이라 생각된다.

다시 말하여 (A)유有와 (C)무無의 양자는 현상에 대하여 공간적인 관계를 밝힌 것으로 사회성의 측면을 표현하였다. 이어 (B)기起 = 생生과 (D)의 멸滅은 시간적 종적관계를 제시한 것으로 역사성의 측면을 말하였다. 따라서 '연기'란 모든 존재가 공간적으로 시간적으로 종횡으로 서로 인因이 되고 연緣이 되어 상의상관相依相關의 관계에 있음을 분명히 하고 있다.

우리들은 이 세상에 태어나서 오늘에 이르기까지 여러 사람들과 만나고 여러 가지 경험을 쌓아 인격을 형성하고 있다.

그러므로 인격은 지금까지의 시간적 상관관계에 있어 경험치의 종합태綜合態이다.

또한 우리들은 가정을 비롯하여 학교나 직장 등 넓은 사회의 공간적 장소에서 여러 가지 자극이나 영향을 받고 살아가고 있다. 동시에 이러한 장소나 환경에 대하여 끊임 없는 자극이나 영향을 미치면서 상의 관계에서 생존하고 있다. 이와 같은 연기적 관계는 인격적 측면만이 아니라 의식주에 직접 관련되는 경제면이나 과학·예술·문화 등의 제반사에 걸쳐 있다. 이렇게 우리들은 모든 역사와 세계, 시간 혹은 공간적으로 상호 관계하고 있는 연기적 세계에 살고 있다. 연기적 세계에 살고 있는 자신 그 자체가 연기의 결과임을 실감하게 된다.

4. 종교적 연기관

연기설은 우주 인생의 모든 현상이 시간적으로 공간적으로 상의상관의 관계에 있는 것이라고 하였다. 그러나 단지 객관적인 현상의 사실관계를 밝히는 것만은 아니다.

불교는 철학이나 과학이 아닌 인간 생존의 본질적 문제를 해결하는 종교이다. 불교의 연기란 인간 존재의 근본적 모순이나 고뇌를 해결하기 위한 '연기관'이란 것을 잊어서는 안 된다. 다시 말하면 인간 존재의 본질에 연결 되는 미迷라든가 오悟, 고苦, 낙樂 등이라든가 진眞, 망妄 등의 가치적 행行을 설하는 것이 불교 본래의 연기관이다. 그러므로 연기는 종교적 (가치적) 의미에서 설한 것이다.

이와 같은 연기론은 소승불교에서 대승불교까지 여러 가지로 전개되었다. 연기 자체의 관념을 넷으로 나누어 업감연기業感緣起, 뇌야연기賴耶緣起, 진여연기眞如緣起, 법계연기法界緣起라고 하는데 그 기본 바탕은 12연기설이다.

인간의 생존에 관련된 열두 가지의 중요 포인트를 들어 그 열두 가지가 서로 조건관계에 있음을 제시하고 그에 대하여 두 가지 방향의 관법觀法을 설한다. 이에 대해서는 다음 장에서 말하기로 하고 여기서는 공통의 패턴에 서 있다고 생각되는 사제설四諦說을 예로 들어 보기로 하겠다.

앞에서 말한 바와 같이 '고제苦諦'는 인생의 참모습은 고라고 하는 설명이다. 이 인생 현실의 고는 결과이기 때문에 그 원인을 추구해 보면, 무명無明과 갈애渴愛를 근본으로 하는 번뇌이고 이를 집제集諦라고 하였다. 이같은 '고제'와 '집제'의 이제二諦는 고의 현실의 미계迷界를 유전하는 인과관계를 분명히 하고 있다.

이어 '멸제滅諦'란 고의 원인인 번뇌를 멸한 경지가 열반이라고 하는 진리인데 열반이라고 하는 결과에 이르는 원인을 규명하면 곧 팔정도八正道가 된다는 진리가 '도제道諦'가 된다. 이와 같은 '멸제'와 '도제'의 이제二諦는 이상을 실현하는 오계悟界에의 환멸還滅의 인과관계를 제시하여 미계迷界를 해소한다.

이와 같이 4제도 또한 유전연기와 환멸연기를 설하고 있다. 전자는 종교적인 의미에 의한 향하가치向下價値의 연기, 후자는 종교적 의미에의 향상가치向上價値의 연기라 할 수 있다. 여실히 지견指見하여 연기를 관하는 자는 번뇌를 멸하고 고를 초월하며 열반에 도달하게 된다. 여기에 종교적 가치로서의 '연기관'이 존재한다.

5. 연기의 내관內觀

우리들의 생명에는 자기의 과거만이 아니라 우리의 전역사가 포함되어 있음과 동시에 우주의 모든 역사에 관여하고 있다. 또한 우리들의 생명은 전 세계의 형성에 통하고 전세계는 우리들의 생명과 깊이 관련하여 그것을 유지하는 존재이다.

이와 같이 연기의 도리에 입각하여 세상에서의 자기를 되돌아보면 모든 인간, 모든 물건에는 그 어떤 하나도 무관한 것이 없다. 자기와 타인은 서로가 살리며 살려지는 것으로서 언제까지나 어디서나 겹쳐지지 않고 연결되어 있다. 옛 사람은 소매만 스쳐도 전생의 연이라 하여 서로 다투는 사람들 사이에도 광겁다생曠劫多生의 인연을 느끼며 사람과의 만남을 중요하게 생각하고 자신의 인생을 깊이 음미하였던 것이다. 그리하여 '호로호로'라고 우는 산새 소리에 돌아가신 부모의 자애의 부름소리를 듣는다고 하였다.

친란성인은 모든 사람들은 타력회향의 믿음 일념으로 남녀노소 빈부우열 선악현우善惡賢愚 등의 일체 차별을 초월하여 평등의 구제를 도맡은 아미타여래의 본원本願의 고마움을 눈여겨 보았다. '염불자는 무애의 일도一道'라고 진실로 사회를 위하여 사람들을 위하여 힘써 살았다. 그리하여 만인이 모두 평등하다고 하는 사해동붕四海同朋의 원에 정성을 다하여 "일체의 유정有情은 모두 세세생생의 부모형제이다"라고 철저한 인간 평등을 강조하였다. 연기의 도리에 바탕을 둔 이러한 가르침을 음미해 볼 필요가 있다.

불교의
인생관

1. 인생관의 근본명제

전술한 바와 같이 '인생은 고苦'라는 정의는 불교 인생관의 근본명제이다. 이 명제는 불타의 근본교설인 4제 가운데 인간이 생존하고 있다는 것 자체가 고라고 하는 철저한 고관苦觀이 표명되어 있다.

고관은 불타가 보리수 아래에서 인생에 대한 심각한 제관諦觀을 하면서 비롯된다. 불타는 인간 존재의 근본에 관련된 고의 실상을 어떻게 파악하고 또 그 고를 어떻게 극복하여 깨달음에 이르는가를 '12연기'로 설명하였다. 즉 우리들 인생의 미혹의 구조와 깨달음의 세계를 연기의 입장에서 해명하였다. 왜냐하면 이 연기는 인간 생존의 열두 가지 중요한 요점을 들어 그 열두 가지 요점들이 서로 조건 관계가 되는 것을 알아차리면 미혹한 생존의 근원이 명확해지고 깨달음의 세계가 명확하게 열리기 때문이다.

2. 12연기

'12연기'는 '12인연'이라고도 칭한다. 12연기설이 정비된 것은 상당히 후세에 와서의 일이다.

그러나 후세의 불제자들에 의하여 연기라고 하는 사고 양식이 이와 같이 항목적項目的으로 계열화된 것을 생각하면 '12연기'에 큰 의미가 있음을 알게 된다.

'12연기'란 무명無明 행行·식識·명색名色·6처六處·촉觸·수受·애愛·취取·유有·생生·노사老死의 12지支를 칭한다. 이 12가지가 조건 관계가 되어 인간의 생존이 성립되고 있음을 설한다.

먼저 "무명에 의하여 행이 있고, 행에 의하여 식이 있고, 생에 의하여 노사가 있다"고 하는 바와 같이 생사윤회의 미혹迷惑을 관하는 것을 유전문流轉門의 연기라고 한다. 이는 종교적 의미에 있어 향하向下가치의 연기로 우리들의 현실의 상相을 들어 미계迷界 유전流轉의 연기를 밝히고 있다,

　다음으로 "무명 없음에 의하여 행이 없고, 행이 없으므로 식이 없다. …… 생生이 없음에 의하여 노사老死가 없다"고 하고 있음과 같이 미혹을 멸하여 열반의 깨달음의 방향으로 관觀하는 것을 환멸문還滅門의 연기라고 한다. 이는 종교적 의미에 있어 향상가치의 연기로 우리들의 이상理想을 표방하여 오계悟界환멸의 연기를 설하고 있다.

　상술한 유전문과 환멸문의 경우는 어느 것이나 무명에서 비롯하여 노사에서 끝나고 있는데 문제의 중심은 노사이다. 노사란 인간이 늙어서 죽는다고 하는 틀림없는 사실로 이는 무상고無常苦를 대표한다. 불타佛陀는 인간 존재의 현실을 바로 응시한 결과 최초의 문제로서 인생고의 노사에 주목한 것은 당연한 일이다.

　불교가 언제나 현실의 과제로부터 문제가 제기된 사실에서 출발하고 있음을 알 수 있다.

　여기서는 12연기의 순서를 역으로 들어 설명하기로 한다.

　먼저 인생고를 대표하는 '노사'가 일어나는 조건을 생각하

면 여러 가지가 있으나 중심이 되는 것이 '생'' 즉 인간으로 태어났기 때문이다. '생'이 존재하기 위한 조건은 '유有'라 설한다. 이 '유'에 대해서는 여러 가지 해석이 있으나 여기서는 일단 생존이라 이해하기로 한다. 다음으로 생존하기 위한 조건을 '취取'라고 한다. 자신과 자신에 관련된 물질적, 정신적 집착이다.

이러한 집착이 일어나는 조건의 근원은 '애愛'라고 한다. '애'는 갈애渴愛로 번뇌 최상이다.

다음으로 '애'는 '수受'에 의해 일어난다. '수'란 밖에서의 자극에 의하여 안으로 감수感受된 고락苦樂이나 호오好惡의 감정이다. 그리하여 '수'의 조건은 '촉觸'에 이른다. '촉'이란 접촉으로 외계外界와 마음이 접촉하는 지각이나 감촉이라 한다. 이 '촉'은 '육처六處'에 의해 생겨난다. '육처'란 안眼, 이耳, 비鼻, 설舌, 신身, 의意의 6가지 감각 기관인데 이 조건의 근본을 추구하면 '명색名色'이다. '명색'은 정신과 신체가 결합하고 있는 개체個體로 '식識'에 의해 성립한다. 식이란 심신을 통일하고 있는 '식'의 작용 즉 의식으로 이 식이 일어나는 기본 조건은 '행行'이라 생각하게 된다. 이 경우의 '행行'이란 행위·행동으로 '업業'이라고 한다. 그리하여 이 행行이 시작되는 조건의 기저에 '무명無明'이 있음을 밝혀냈다.

이상과 같이 12연기는 인생의 고뇌가 성립되는 조건을 차례로 추구하여 12항목의 계열을 세워 '무명'이야말로 그 근본의 조건임을 설하였다. '무명'이란 밝음明이 없다無는 뜻이지만 명明을 명明이라 알지 못하는 무지無知를 의미한다. 이와 같이 '무명'은 갈애와 같이 번뇌의 가장 큰 의미로 무상고無常苦의 실상을 모르는 혹惑 (번뇌)라고도 한다.

3. 혹업고惑業苦의 삼도三道

12연기설은 우리들의 미혹의 상태, 즉 인간의 유전상속遺傳相續의 양태를 삼도三道로 설명한다. 삼도란 제 1을 혹도惑道 또는 번뇌도라 하여 여러 가지 번뇌를 시사한다. 제 2의 업도業道는 번뇌에 의하여 일어나는 선악의 행위 소작所作을 말한다. 제 3 고도苦道는 선악의 업을 인因으로 하여 얻게 되는 생사의 고과苦果이다. 이 혹惑, 즉 번뇌 업, 고苦의 3도는 상호 관련하여 혹에서 업으로, 업에서 고로, 다른 한편 고에서 혹으로 그리고 혹에서 업으로 통하여 미계迷界의 유전윤회의 차례를 밝힌다. 그런데 12연기는 ① '무명'에서 '수受'에 이르는 전자의 7지七支와 ② '애愛''에서 '노사老死'에 이르는 후자의 5지五支로 나눌 수 있다.

여기서 ①의 7지를 삼도에 배열하면 무명은 혹에, 행은 업에, 식識·명색名色·6처六處·촉觸·수受의 5지는 고에 해당된다. 이 경우 무명이 미혹의 근본을 이루고 있으므로 '무명연기無明緣起'라고 한다. 다음으로 ②의 5지를 삼도에 배열하면 애愛·취取는 혹에, 유有는 업에, 생·노사는 고에 해당된다. 이 경우 애가 미혹의 근본을 이루고 있음으로 '탐애연기貪愛緣起'라고 한다.

이상과 같이 우리들의 인생은 고이며 그 고는 업에 의하여 일어나고 그 업은 혹에 의하여 만들어진다. 따라서 이 경우의 고의 원인은 혹과 업이다. 그 고를 이끄는 인因은 업, 연緣은 혹이라 생각 할 수 있다. 따라서 업은 결과를 이끄는 가장 중요한 포인트가 된다. 이와 같이 혹, 업, 고의 3도는 우리들의 미혹 세계의 유전상속의 상태를 분명히 밝히고 있다. 이 혹과 업을 단절하지 않는 한 영원히 생사의 고해에 허덕인다. 그리하여 우리들은 이 3도를 극복할 길에 들어서야 한다.

12연기와 삼도와의 관계를 도시하면 그림과 같다.

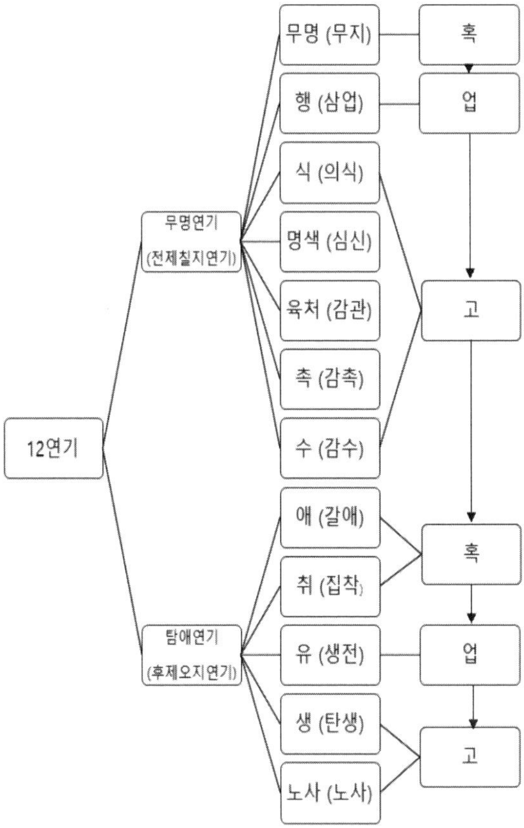
12연기
무명연기
(전제칠지연기)
탐애연기
(후제오지연기)
무명 (무지)
행 (삼업)
식 (의식)
명색 (심신)
육처 (감관)
촉 (감촉)
수 (감수)
애 (갈애)
취 (집착)
유 (생전)
생 (탄생)
노사 (노사)
혹
업
고
혹
업
고

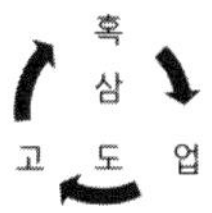
혹
삼
도
고
업

4. 업에 대하여

업이란 범어 카르마의 한역으로 '갈마羯摩'라고 한다. 조작造作이나 행하는 움직임이란 의미로 인간의 행위나 소작所作을 말한다.

업을 분류하면 2업, 3업, 5업으로 나눌 수 있다.

먼저 2업은 사업思業, 사기업思己業이다. 사업이란 마음속의 생각이나 사고 등의 정신작용으로 의지意志의 활동이란 의미에서 의업意業이라고도 한다. 불교에서는 마음속으로 생각하는 것도 행위 속에 포함한다.

사기업이란 마음속으로 생각하고 있는 것이 외부로 나타나는 업業이다. 구체적으로 말하면 신업身業, 어업語業 혹은 구업口業이라 한다.

다음 3업三業은 의업意業(사업思業)과 신체적 동작인 신업身業과 입으로 짓는 구업口業 혹은 어업語業의 세 가지를 말한다. 또한 업은 선善과 악惡 그리고 선악 어느 것에도 속하지 않는 중성적인 무기無記의 3종류(三性)로 구별된다. 그 3성三性 중 선악의 신업과 어업의 2업에 한하여 표면에 나타나 있는 표업表業과 표면에 나타나지 않고 뒤에 남은 무표업無表業이 있다. 즉 신표업과 신무표업, 어표업과 어무표업의 4업이 있고 이 4업에 의업

意業을 더하여 5업이라 칭한다. 업은 이와 같이 3종으로 구분되나 보통은 신身, 구口, 의意의 3업이 많이 사용된다.

업의 본래의 의미는 행위 소작이었으나 이것이 인과율因果律의 사고방식과 결합하여 존속, 활동하는 세력 혹은 에네르기와 같은 것으로 생각되었다. 그리하여 선인에는 선과, 악인에는 악과가 나타난다고 하는 인과응보업報의 사상이 형성되었다. 이 사상은 행위하는 사람 자신의 자유 의지에 의하여 미래가 선택되고 스스로의 세계가 열린다는 방식이다.

불교는 이르는 곳마다 정진精進노력의 중요성을 강조하여 인간의 진보향상을 도모하였다. 왜냐하면 혹업惑業을 일으키는 근원인 번뇌를 끊고 열반에 이르는 길, 즉 미혹의 세계에서 깨달음으로 나아가는 인간의 가치를 중시하기 때문이다.

인간 의지의 자유성을 기본적으로 인정하는 것에서 비로소 인과응보의 사고방식이 성립된다. 과거의 인因을 고정화하고 현재 과果의 결정성을 인정하려는 것이 아님에 주의하여야 한다.

불교에서는 인간이 살아가는 것이 모두가 업이라 설하지만 인간이 주체적으로 살아 나가지 않으면 안 된다는 것을 의미한다. 따라서 불교는 인간의 운명은 신의 지배에 의하여 정해진다고 하는 타율적 '신의 의지론'이나 인과율을 무시하며 모

든 것은 우연히 결정된다고 하는 우연론, 또한 개인의 의지에
관여하지 않고 모든 것이 과거에 정해져 있다고 하는 숙명론
이 아니라고 하는 사실은 새삼스러운 것이 아니다.

5. 무표업無表業의 사상

석존 이전 오래된 인도사상에는 윤회설이 있고 윤회의 주
체는 아트만我이라 생각하고 있다. 석존은 실체적 아트만의
존재를 근본적으로 부정하여 제법무아諸法無我를 주장하였다.
그런데 생사윤회를 이어나가는 책임자는 누구인가 하는 것이
문제이고 여기에서 거론되는 것이 업의 사상이다.

그러나 '업'은 일시적인 것으로 하나의 행위가 끝나면 동시
에 끝나고 말아 그 힘을 존속할 수 없게 된다. 그래서 생각하
게 된 것이 무표업사상이다.

이와 같은 사고 양식은 부파불교의 큰 특징이라 할 수 있
다. 업 중에도 선과 악의 2업은 작용력이 강해 행위의 업이
그 장소에서 소멸되더라도 자기의 내면에 장래 어떤 결과를
초래할 수 있는 원인이 되는 세력을 남긴다. 그 힘이 영구히
상속되어 장래의 결과를 일으키는 힘이 된다고 생각하였다.

이것이 '무표업'이다. 윤회상속의 중심적 역할을 짊어지고 우주 전체의 연기의 직접적 인因이 된다고 하여 업감연기설業感緣起說(業力緣起說)이 성립되었다.

그런데 무표업이 제법무아의 원리에 저촉되는 것은 아닌가 혹은 그것은 물질적 존재인가 정신적 문제인가 등의 해석을 둘러싸고 여러 가지 학설이나 교학이 전개되었다.

6. 아뢰야식阿賴耶識

용수보살龍樹菩薩의 뒤에 출현한 무착無着, 310~390년경과 천친보살天親菩薩, 320~400년경 형제에 의해서 대성된 유식학파唯識學派에서는 일체의 현상은 모두가 식識의 활동이라고 하였다. 그 결과 정신작용에는 안眼·이耳·비鼻·설舌·신身의 6식識이 깊은 곳에 시시각각으로 생멸변화하면서 끊임없이 서로 이어지는 초경험적인 근본의 식識이 있는데 이를 '아뢰야식阿賴耶識'이라고 하였다. 그리하여 아뢰야식이 근원이 되어 우주의 모든 현상이 현현顯現하고 이 식을 떠나서 만유는 존재하지 않는다고 하는 아뢰야 연기설을 제창하였다.

이 아뢰야는 '장藏'이라 번역하여 아뢰야식은 '장식藏識'이라고도 칭한다. 장식은 마음 깊은 곳에 잠재하는 식이다. 순간적으로 움직인 마음작용을 모아서, 그것을 다시 마음작용을 끌어내는 가능성을 가진 힘이 된다고 한다. 그 힘은 모든 현상을 일으키는 직접 원인인 잠재력(종자)을 갖고 있는 식이라고 한다.

이 아뢰야식의 종자(현상 일으키는 잠재력)에 대한 견해는 부파불교部派佛敎의 입상속에 관한 검토에서 발전한 것이다.

또한 아뢰야식은 개인 존재의 주체이고, 한편 윤회전생의 주체라고도 한다.

이와 같이 아뢰야식은 끊어짐이 없는 식識이란 점에서 간혹 아트만이라 오해하기도 하지만 식은 순간순간에 생멸변화하며 상속되는 연속체이므로 결코 아트만과는 다르다. 그러므로 불교의 근본 원리인 무상無常 무아無我의 주장과 모순되지 않는다. 따라서 업감연기설業感緣起說에서는 충분하지 않았던 윤회의 주체 문제도 설명이 가능하게 되었다.

용수보살에 의하여 분명히 밝혀진 공空 사상의 핵심은 인간의 집착과 마음의 부정에 있었고, 천친보살에 의하여 명확해진 유식사상도 결국은 우리들의 미고迷苦의 근본은 마음에 있다는 것을 분명히 밝혀 놓았다.

따라서 불교 인생관의 근본기조는 모두가 마음의 문제 해결에 있음을 명확하게 제시하고 있다.

깨달음의
　　　　길

1. 계·정·혜의 삼학

불교에서는 불도를 행하는데 반드시 닦지 않으면 안 되는 근본적인 행行으로서 계·정·혜戒. 定. 慧의 삼학을 중시한다. 삼학의 '학學'이란 범어 시쿠샤 śikṣāḥ를 칭하는데 수행, 학습이라는 의미를 지니고 있으므로 '삼학'은 오히려 '삼행三行', '삼수三修'라 하는 것이 적절하다.

여기서 말하는 학이란 일반적으로 쓰이는 지성의 활동에 의한 학문이란 의미는 아니다.

삼학은 불도를 수행하는 기본적인 부류의 하나이다. 불도 실천의 대강을 밝히고 있는 팔정도八正道의 요약이라고도 한다.

첫 번째로 계란 악을 막고 선을 닦는 불교도의 생활규범이다. 불교도에게는 불도에 전념하는 출가의 행자行者와 가정에 있으면서 직업에 종사하며 불타의 계율을 지키며 출가자에 대하여 물질적 지원을 행하는 재가의 신자가 있다. 그런데 이들에게는 남녀의 구별이 있어 남자 출가자는 비구, 여자 출가자는 비구니, 남자 재가행자는 우바새, 여자 재가행자는 우바이의 네 가지로 구분되는데 이들을 사부대중이라 한다.

불교교단은 이들 재가자와 출가자의 이중 구조로 형성되어 있다. 그러나 출가, 재가를 막론하고 불도를 향하는 교도들은 그에 걸맞는 생활을 하지 않으면 안 된다. 불타가 정한 계를 지키지 않으면 안 된다. 계란 불타가 시류에 응하여 정한 것으로 비구에게는 250계, 비구니에게는 348계 우바새, 우바이에게는 오계五戒 또는 팔재계八齋戒가 규정되어 있다.

두 번째로 정定이란 선정禪定, 정려靜慮라고 할 수 있는 바와 같이 심신을 조용히 하여 정신 통일을 행하고 잡념을 없애 생각이 혼란스러워지지 않도록 하는 것이다. 선정의 수행 방법은 불타 이전의 인도에서 일반적으로 행해지고 있었다. 다시 한 번 불교에 채용되면서 깨달음의 극히 중요한 실천 행법으로서 삼매라든가 좌선 ,지관止觀, 관법灌法이라 칭해져 더욱 발전하였다.

세 번째로 혜慧란 지혜를 말한다. 불교에서 말하는 지혜란 일반적으로 쓰고 있는 지성, 지식이라고 하는 세간지世間智가 아니고 진실을 발견하는 반야의 지혜이다. 따라서 이는 세간지에 대하여 번뇌의 더러움이 없는 청정한 지혜이다. 수행의 순서에 따라 문혜聞慧, 즉 경전에 설해진 가르침을 듣고 생긴 지혜, 사혜思慧 즉 도리를 사유하여 생긴 지혜, 그리고 수혜修慧, 즉 선정을 닦아 생긴 지혜의 세 가지로 나눌 수 있다. 불교의 학學이란 삼학이 제시하고 있는 바와 같이 불도를 행하는 것, 즉 불교생활 전체를 제시하고 있다.

삼학이란 계를 지켜 규율 있는 생활을 하고 정定을 닦아 마음을 안정시키고 거기서 혜를 밝혀내어 바른 세계관을 가지고 진리를 깨닫게 한다. 그러므로 삼학이란 각각 분리 독립된 관계가 아니라 어디까지나 혜에 뒷받침되어 비로소 계도 정도 불도의 수행으로서 완성된다. 따라서 이 삼자는 상호보완의 관계에 있다.

2. 육바라밀

바라밀이란 범어 바라 미타의 음사어이다. 이 말은 원래 바라마 즉 최고라고 하는 말에서 파생된 말로 완전 또는 완성이란 의미가 있다. 예컨대 반야 바라밀을 지혜의 완성이라 번역하는 까닭이 여기에 있다.

보통 바라밀은 '도度' 건너다, '도피안到彼岸'이라 한역되어 있다. 현실의 미혹 세계인 이곳에서 이상적 깨달음의 피안彼岸에 건너가기 위한 실천행이라 할 수 있다. 이와 같은 실천의 덕목으로 보시布施, 지계持戒, 인욕忍辱, 정진精進, 선정禪定, 지혜智慧의 6가지를 들어 이를 '6바라밀' 혹은 '육도六度'라고 한다. 이는 계, 정, 혜 삼학의 상층에 보이는 실천도의 정신을 새롭게 확대하여 충실하게 한 것이라 할 수 있다. 깨달음을 구하여 널리 세상 사람들을 구하고자 하는 원심願心을 '보리심'이라 하지만 이 보리심을 일으켜 불도를 행하는 구도자를 대승불교에서는 '보살菩薩'이라 칭하였다. 그리하여 보살이 닦는 길을 보살도라 하고 보살도를 대표하는 실천법이 이 '6바라밀'이다. 석존이 보살이었을 때 '6바라밀'을 행하여 불타가 되었다고 한다. 그래서 '6바라밀'은 불타행을 모범으로 그 행行을 추종하는 모든 사람이 불타가 될 수 있다고 확신한 대승불교도들에 의하여 확립되었다. '6바라밀'을 하나하나 설명하면 다음과 같다.

(1) 보시布施−탐욕심을 버리고 사람들에게 의衣 식食등의 재물을 베푸는 것 財施, 법法을 가르치는 일法施, 공포와 불안을 제거하여 안심을 부여 하는 일無畏施의 삼시三施의 완전한 혜택

(2) 지계持戒−악한 마음을 버리고 계율을 지키고 심신을 청정하게 하는 완전한 계의 지킴

(3) 인욕忍辱−탐내고 성내는 마음을 버리고 박해나 고난을 참아내는 완전한 인내

(4) 정진精進−해태심懈怠心을 버리고 진실의 길을 실천하고 계속하는 완전한 노력

(5) 선정禪定−마음의 동요나 산란을 떠나 마음을 집중하고 안정시키는 완전한 정신통일

(6) 지혜智慧−어리석음의 마음을 버리고 미혹의 마음을 떠나 제법의 실상을 살피는 완전한 지혜

이상의 6바라밀 중 가장 중요한 의미를 갖고 있는 것은 지혜이다. 왜냐하면 보시나 지계 등의 전단계의 5바라밀은 지혜

를 바탕으로 한 바라밀행이라 할 수 있기 때문이다.

석존이 입멸한 후 수 백년이 지나서 형성된 부파불교는 계율의 엄수를 지나치게 강조하는 형식주의에 빠지고 만다. 또한 지식을 편중하는 번쇄철학煩瑣哲學에 경도되어 그 결과 대중의 생활과 멀어져 종교적 색채가 소실되고 있었다. 여기서 석존의 참다운 정신으로 되돌아가자는 새로운 이상주의적인 종교운동이 출가행자와 재가행자 사이에서 일어나게 되었다. 이것이 대승불교이다.

그러므로 '6바라밀'은 부파불교의 폐해를 배제하고 수립된 대승불교의 보살행이며 우리들의 이상적인 실천행이 되었다.

바라밀의 행을 실천할 때, 수행 그 자체에 집착해서는 안 된다. 만약 집착하였다면 그것은 바라밀이 아니다. 예컨대 보시를 하면서 배푼다는 생각을 가지면 안 되는 경우와 같다. 또한 상대를 의식하여 상대에게 혜택을 준다고 하는 마음도 부정해야 한다. 베푸는 물건에 대해서도 집착해서는 안 되고, 베푸는 사람, 베품을 받는 사람, 베푸는 물건 등 모든 것에 집착을 버려야 한다. 그것은 철저한 무자성無自性의 자각이며 무소득의 실천으로 공空 무아無我를 가르치고 있다. 그러나 우리들에겐 이들 하나하나의 바라밀의 실천은 매우 어렵고 힘든 일이다. 영원이라 할 만큼의 긴 수행기간이 필요할 수도 있다.

6바라밀의 실천은 참으로 난행의 도道이다.

3. 난이이도難易二道

용수보살은 깨달음의 길로 난행難行과 이행易行의 두 가지로 나누어 난행도難行道는 땅 위를 걷는 것처럼 힘들고, 이행도易行道는 바다에서 배를 타는 것 같이 즐겁다고 제시하였다. 이 같은 사상은 후세의 정토교에 대단히 큰 영향을 미쳤다.

담란대사曇鸞大師: 467~542는 난이難易 이도二道의 가르침을 수용하여 난행도는 자력적이므로 어렵고, 이행도는 타력이기 때문에 쉽다고 하여 자력과 타력의 가르침을 제창하였다. 또한 도작선사道綽禪師: 562~645는 성도문聖道門과 정토문淨土門을 설하고 왕생정토의 정토문은 이 땅에서 깨달음에 드는 차토입증此土入證 성도문과 다른 가르침이라고 하였다. 한편 선도대사善導大師: 613~681는 독송, 관찰, 예배, 칭명, 찬탄공양을 오정행五正行, 칭명稱名을 정정업正定業이라 하고 다른 사행을 조업助業이라 하여 정토교 도의 실천법을 설하였다.

말법탁세에 생을 받아 밤낮으로 번뇌에 쌓여 무지 무능력만이 아니라 죄와 악을 겹치고 있는 우리들은 아미타불의 본원에 구원받는 길 이외에 사는 길이 없다고 한다.

그리하여 이행→타력→정토문의 가르침이 고맙게 이해되는 것이다. 정토교들은 어두움의 세계에 광명이 빛나고 고뇌의 인생에 환희가 일어나 유한한 생명의 우리들에게 무한한 생명이 움터 밝고 힘찬 염불의 생활이 열리게 되었다고 한다.

4. 불타관의 변천

석존의 가르침을 받은 제자들은 불타에 대하여 한없는 존경의 마음을 품었다. 불타의 육신은 멸하여도 불타가 설한 법眞理은 영원불변이라고 확신하였다. 여기서 법 그 자체를 일러 법신法身이라고 하며 상주불멸의 법신을 숭배하는 법신상주설法身常住說이 생겨났다. 여기서 역사상의 불타인 생신불生身佛과 역사를 초월한 법 그 자체의 법신불의 이신설二身說이 생겨났다.

전술한 바와 같이 불교는 지혜를 닦는 것을 원칙으로 하는 지혜의 종교이다. 지혜란 일반적으로 말하는 지식이 아니라 영원의 진리를 체관諦觀하는 절대 완전한 지혜이다. 그런데 이와 같이 관하는 지혜가 절대 완전하다는 것은 관觀해지는 진리도 또한 절대 완전하지 않으면 안 된다.

그러므로 이 진리는 진여眞如・법성法性・일여一如・실상實相・일심一心 혹은 이理라고도 부른다.

이理와 지智는 본래 불이일체不二一體이나 그 일체一體를 이理의 일면과 지智의 일면으로 나누어 불타관을 나누었다. 이理를 그대로 불이라고 본 것이 법신불法身佛이며 지智의 활동면을 불이라고 본 것이 보신불報身佛이다. 즉, 이理를 본질로 할 때 법신불은 우주 법계의 이르는 곳마다 편만해 있으나 그 모양을 말하면 색도 없고 형상도 없는 것으로 처음도 없고 끝도 없다.

보신불은 완전한 지혜를 가지고 일체의 중생을 보살펴 중생제도에 한정 없는 불이다.

여기서 말하는 보報란 수보酬報의 의미이다. 보살이 인위因位에 있을 때 세운 원願과 닦은 행行에 갚음하여 그 결과로서 부처가 되었으므로 보신불報身佛이라고 한다. 이 부처가 우리들 인류를 구제하기 위하여 인간에 상응한 몸을 가지고 이 세상에 응신불應身佛로 출현하였다. 따라서 역사상 인도에서 출현한 석존이 바로 응신불이다. 이상의 삼신을 '법보응法報應 삼신三身'이라 하는데 이는 어디까지나 법신을 기반으로 하여 성립되었다. 이들 삼신의 상호관계는 모두가 달의 형상과 달의 빛과 달의 그림자와 같다. 즉, 법신의 이체理體가 유일 상주 불변임을 달의 형체에 비유하고, 보신의 지혜가 법신의 이체에서 생겨 일체를 비추는 것을 달의 빛에 비유한다. 응신이 기機에 응하여 나타나는 것을 달의 그림자가 물에 비추는 것에 비유한다. 이를 '일월삼신一月三身'이라 한다. 즉 '일불삼신一佛三身'이다.

부처의 대자대비는 인류만이 아니라 널리 일체의 살아 있는 모든 것을 제도한다고 하는 숭고한 목적을 가지고 있다. 그 목적을 실현하기 위하여 여러 가지 모습이나 형상으로 변화하여 이류異類를 제도한다. 이러한 이류신異類身의 불타를 '변화신' 혹은 '화신化身'이라 칭한다. 법, 보, 응의 삼신에 이 '화신'을 더하여 '4신四身'이라 한다.

5. 일체중생 실유불성

위에서 살핀 바와 같이 불타관은 2신설, 3심설, 4신설 등이 있다 불교에서는 우주법계 곧 대우주에 편만한 진여眞如의 이理를 깨달은 존재는 모두가 부처가 된다고 한다. 따라서 우리들도 불타 석존과 같이 진여의 이를 깨달으면 불타가 된다. 『열반경』에는 「일체중생 실유불성」이라 하여 살아 있는 모든 것은 모두 불성을 지녀 부처가 될 수 있다고 한다. 불성이란 부처의 성질, 부처의 본성이란 의미도 있지만 이 경우에는 부처가 될 가능성이다. 따라서 '일체중생은 모두 부처가 될 가능성을 지닌 존재'라는 의미이다. 이는 불교가 인간을 어떤 존재로 보고 있는가를 설명하는 한편 불교의 인간관의 기본적 입장을 제시하고 있는 것이다.

불교의 궁극적 목적이 성불에 있음은 말할 나위 없다. 성불이란 우리들이 지니고 있는 불성여래장佛性如來藏을 개발하여 청정한 본래의 자기를 자각하는 것이다. 그런데 우리들 범부凡夫는 밤낮 번뇌에 둘러싸여 있어 미망迷妄의 생활을 계속하고 있다. 여기서 사람에 따라 성불의 시기가 늦고 빠른 차이는 있으나 대승불교의 지향점은 어디까지나 일체중생은 모두 성불한다는 사실이다.

6. 석존과 아미타불

'응신불'인 석존은 인도에서 탄생하고 80년의 생애를 보낸 역사상의 인물이다. 석존에게는 우리들과 같이 부모가 있고 아들이 있었다. 결혼도 하고 언어도 사용했다. 이와 같이 석존은 보통의 인간과 다르지 않는 일면을 지니고 있었으나 결정적으로 다른 일면도 있었다. 즉 깨달음을 얻어서 불타가 되었다는 점이다. 다시 말하면 유한상태의 역사 속에 있었다고 하는 점은 우리들과 같으나 역사를 초월한 무한절대의 진실에 눈뜨게 되었다는 점은 우리와 다르다.

이에 대하여 보신불 즉 방편법신方便法身인 아미타불은 인간과는 다른 존재이다. 언제 어디서 태어났는가, 죽었는가 하는 것은 없다. 그렇다면 어떤 분인가? 법장보살法藏菩薩이 인위因位에 있었을 때 48개의 서원을 세워 긴 시간 사유를 하고 수행을 하여 그 서원을 성취한 부처가 된 분. 즉, '인원因願에 수보酬報된 불신佛身'이다. 이러한 아미타불은 모든 지혜와 자비를 원만하게 구축하고 있으므로 그 자연의 활동으로서 우리들에게 믿음을 갖게 하고 정토왕생을 목표로 하여 염불생활을 제시해 준다.

그런데 이러한 '보신報身'이 성립하는 밑바탕에는 깊고 깊은 철학적인 원리, 인간의 사고나 판단을 초월한 근원적 실재라고도 할 만한 일여一如, 진여眞如, 법성法性이 존재한다.

이상과 같은 '보신' 떠받치고 있는 분이 '법신法身'이다. 이 '법성法性', 법신은 참으로 '색깔도 없고 형상도 없어 마음도 미치지 않고 말씀도 끊어진' 존재이므로 너무나 순수한 이理

의 세계이다. 그러므로 '법신'은 '보신'의 근거가 되는 존재이다. 법신은 우리들과의 마음의 교류, 신심의 대상이 되느냐고 하면 그렇지는 않다. 여기에 중생에게 가르침을 주기 위한 '보신報身'(방편법신)이 출현할 필연성이 있다.

여기서 형상을 나타내고 존상을 제시하여 형상이 없는 곳에 형상을 나타내고 이름이 없는 곳에 이름을 제시한 분이 보신여래 = 방편법신 = 아미타여래이다. 친란성인親鸞聖人은 이 법성 법신과 방편 법신의 2종법신의 관계에 대하여 다음과 같이 말하여 아미타불의 성격을 밝히고 있다. 이 일여보해一如寶海에서 형상을 나타내어 법장보살이라 이름하고 무애의 서원을 다하여 아미타불이 되었으므로 보신여래라 할지어다. 이를 진시방무애광불盡十方無碍光佛이라 이름하게 되었다. 이 여래를 나무불가사의광여래라 하고 이 여래를 방편 법신이라 하느니라. 방편이란 형상을 나타내고 존명을 제시하여 중생에게 가르침을 다하는 고로 아미타불이라(一念多念證文).

법신은 색도 없고 형상도 나타내지 않고 그런가하면 마음도 미치지 않고 말씀도 끊어진다. 이 같은 일여一如에서 형상을 나타내어 방편법신이라 한다. 모습을 나타내어 법장비구法藏比丘라 이름하고 불가사의의 대 서원을 일으켜 나타낸 존상을 세친보살世親菩薩은 진시방무애광여래라 하여 존숭하고 이

여래를 보신報身이라 하였다. 서원의 업인業因에 보답하는 고로 보신여래라 하고 보報란 업종業種에 보답하는 것이다(唯心鈔文意)라고 하였다. 여기서도 알 수 있는 바와 같이 2종법신을 세운다고 하는 의미에서 보면 그 하나하나를 다르다고 말하지 않을 수 없다. 그러나 아미타불은 법성법신에서 나타났으므로 모든 것이 법성법신이 아닌 것이 없다. 더불어 그 방편법신은 법성법신의 전체를 완전히 나타내고 있으므로 방편법신 외에 법성법신이 따로 있지 않다. 따라서 이 2종법신은 둘이라 할 수 있으나 하나라고도 할 수 있는 관계이다. 이와 같은 관계를 '2종법신 불일불이二種法身 不一不異'라 칭한다.

일본 정토진종에서는 불일불이 이종법신 중 방편법신의 존형을 본존으로 존숭하고 있다.

친란성인은 석존과 아미타불의 관계를 어떻게 보고 있는 것일까? 근대인들은 역사상 실재한 불타석존을 기초에 두고 그 위에서 아미타불의 존재를 생각하려 한다. 그러나 친란성인은 오히려 반대 방향에서 아미타불을 기반으로하여 그 위에 석존이 성립한다고 생각하였다. 즉 역사를 초월한 아미타불의 진실을 역사상에 있는 인간에게 알려준 것이 석존의 교설이라고 한다. 그러므로 석존이 설한 진실은 실은 미타의 본원에 진실을 두고 있는 것은 아니다. 『탄이초歎異抄』에 미타의 본원 진실에 존숭의 뜻이 없으면 석존의 교설이 허언이 되므로 불설은 참으로 존숭의 뜻 선도善導의 어석허언御釋虛言이라 하지 않을 수 없다고 하였다. 석존의 교설이 허언이 아닌 것은 미타의 본원이 진실이기 때문이다.

석존의 교설은 불설이나 이 불설은 본원의 진실이 그대로 석존의 말씀으로 나타난 것에 지나지 않는다. 그것이 『대무량수경』이다. 그러므로 이것이야말로 진실의 가르침이다.

또한 불佛의 궁극적인 존재양상은 역사상의 석존이 아니라 석존으로 하여금 불타가 되게 한 무량수 무량광의 아미타불에서 찾을 수 있다고 하였다. 친란성인은 『정토화찬淨土和讚』에서

구원실성久遠實成 아미타불
오탁五濁의 범우凡愚를 나타내 보고
석가모니불로 보아서
가야성伽倻成에 응현應現한다.

라고 읊고 있다. 역사를 초월한 영원 보편의 아미타불이 오탁의 세상에 있는 범우의 중생을 구제하기 위해 인간이란 형상을 지니고 인도의 가야성에 출현하였다. 석존은 어디까지나 아미타불의 응현이라 명확히 밝히고 있다.

요컨대 아미타불은 중생을 위하여 활동하고 있는 부처이나 인간적인 것은 일체 갖고 있지 않다. 여기서 아미타불은 말씀을 갖고 있는 석존으로 하여금 '진실의 가르침'인 『대무량수경』을 설하게 하였다. 이를 중생의 입장에서 보면 말씀으로 『대무량수경』을 설함에 의하여 비로소 아미타불의 활동에 응하게 된다. 말씀을 통해서만 역사를 초월한 아미타불의 진실이 역사상의 인간의 가르침으로 그 기능을 다하게 된다고 한다. 즉 석존은 역사를 초월한 부처임과 더불어 역사상의 부처로서의 양방에 걸친 존재이다. 특히 말씀에 의하여 우리들과 소통하며 석존의 가르침인 『대무량수경』을 듣는 그대로가 실은 아미타불의 진실 곧 '본원本願'을 듣는 것이다.

불타관을 통해서 석존과 아미타불의 관계를 밝혀 보았지만, 그 양자와 나 자신과의 관계에 대해서는 신앙적 주체의 입장에서 고찰해 볼 필요가 있다.

12

석존
멸후의
불교

1. 석존의 입멸과 교단

입멸한 석존의 유해는 다비를 했다. 석존을 잃은 큰 슬픔에 잠겨 있던 제자들에게 스승을 사모하는 길은 사리숭배였다. 사리는 당초에는 중인도의 각 부족에 8분된다. 이윽고 여러 곳에 사리탑佛塔이 건립되고 사람들은 사리탑을 보며 석존의 지난날을 추모하고 예배했다. 이것이 사리숭배의 시작이다. 이 신앙은 후세 인도 전역에 확대되었다.

또한 석존이 평소 몸에 입고 있던 의복이나 상용했던 발우

등의 유물을 통하여 석존의 모습을 추모하고 숭상하는 유물 숭배도 행해졌다.

불탑은 재가신도들이 특히 숭배하였으나 그들은 처자를 지니고 가업을 지키고 있었기 때문에 출가자와 같이 수행에 전념할 여유가 없었다. 이에 불탑을 건립하거나 장엄하고 예배하는 등의 공덕을 쌓음으로써 해탈에 이르게 하는 실천이 성행하게 되고 그 결과 불탑신앙이 급속히 확대되었다.

출가한 비구들은 수행을 완성하는 길로서 석존의 교법을 중시하고 그를 강하게 추구하게 된다. 원래 석존의 설법은 중생의 근기에 맞게 대기설법對機說法을 하고 있었으므로 그 내용은 획일적이지 않았다. 그러므로 석존 입멸 후의 제자들 사이에는 다양한 의견이 나와 때로는 전혀 다른 견해를 주장하는 자도 나타나게 되었다.

여기서 교단의 주도자인 장로長老의 비구들은 석존의 올바른 가르침이 사라질 것을 우려하였다. 이에 교법의 내용을 확인하고 교법이 흩어지지 않게 수집하여 후세에 바르게 전할 필요성을 인식하였다.

따라서 불제자들은 석존이 40여 년간에 걸쳐 설한 교법을 광범위하게 모으고 정확하게 편집하여 경전을 성립시켰다.

출가자들은 특별히 이 경전을 불타의 가르침으로 숭상하

였다.

이상과 같이 석존 입멸 후의 교단은 사리숭배, 유물숭배, 경전숭배의 세 가지를 중심으로 하여 각각 그 활동이 전개되었다.

2. 결집

결집이란 범어 Saṃgīti의 번역어로 '합송合誦'의 뜻으로 이해된다. 불교성전의 편집을 의미하기도 한다.

그런데 석존의 설법을 들은 제자들은 기억에 의존하고 있었기 때문에 이들 제자들을 '성문聲聞'이라 칭하고 있었다. 이와 같은 성문들이 모여 각자가 들었던 내용을 밝히고 그것이 석존의 교설인가 아닌가를 확인하여 결집하여 모두가 인정하면 경전으로서 결정하였다.

제1회 편집은 제1결집500결집이라 칭한다. 석존이 입멸한 후 수 개월이 지나 마가다국의 수도 왕사성王舍城의 교외에 500인의 제자가 모여 마하가섭摩訶迦葉이 주재하였다. 교법에 대해서는 다문제일多聞第一로 온후한 성격의 아난阿難이 중심이 되고, 계율에 대해서는 지계持戒가 견고하고 계율 연구의 제 1인자 우바리優波離가 중심이 되어 진행되었다.

이와 같이 불타가 남긴 가르침은 입멸 직후부터 교법과 계율로 나누어 전해졌다. 이 중 교법은 스승에서 제자에게로 구전口傳으로 전승되고 그 사이 내용과 형식이 정리되어 이윽고 경전, 즉 수드라라 칭하게 되었다.

계율은 출가자 수행의 근본규칙을 모은 것이다. 여기에 교단 운영의 규범도 정비하여 이들을 포함하여 율律이라 칭하게 되었다. 이와 같이 제자들의 기억 속에 보존되어 있던 석존의 교법과 계율이 제자들에 의하여 공적으로 불설佛說로 확인되어 이후 교단의 지침이 되었다.

다만 주의할 것은 석존 재세시부터 교와 율이 구별되어 있지 않았다는 점이다. 또한 이 단계에서는 경율론의 삼장三藏 중 경과 율이 성립된 것일 뿐 아직 논 즉 아비달마는 미성립 상태에 있었고 이것이 성립된 시기는 제 3결집 때이다.

불교교단은 석존 재세 중에 이미 성립되어 있었으나 교단으로서 본격적으로 활동하게 된 시기는 입멸 후의 일이다. 그것은 제1결집을 기점으로 하여 전개되어 간다. 그 이후 교단의 움직임에 큰 문제는 없었다. 그러나 석존 멸후 백년쯤 지나 계율에 대하여 이의를 제기하는 자가 나타나기 시작하였다. 여기서 폐사리吠舍利 곧 비사리毘舍離를 대신하여 야사耶舍가

주관하는 700인의 장로에 의한 제 2결집이 행해졌다.

다음으로 석존 멸후 200년경에 아쇼카왕을 중심으로 수도
인 화씨성華氏城 즉 바다리부드라에 천명의 비구가 모여 경율
론의 삼장을 편집하였다. 이를 제 3결집이라 칭한다. 다만 제
1, 제 2의 결집은 북방 남방의 양 불교에 전해져 있으나 제 3
결집은 남방불교에만 전해졌으므로 여기서 말하는 삼장의 편
집이란 『남전대장경南傳大藏經』의 편집이다.

다음은 제 4결집이다. 2세기경의 카니시카왕은 아쇼카왕에
이은 열렬한 불교신자로 불탑과 가람을 건립하고 불교를 보
호, 발전시킨 왕이다. 그의 카시미르국에 500의 나한이 모여
상수上首의 세우世友를 중심으로 경율론의 삼장에 주석을 하고
이를 편집하였다. 이 4결집은 북방불교에만 전하였고 남방불
교에는 전해지지 않았다.

3. 교단의 분열

제 1결집이 행해질 때까지도 교단은 단일화되어 있었다.
석존의 인격에 직접 영향을 받아 그 가르침을 들은 제자들이
많이 남아 있었기 때문이다. 그러나 비구들이 2, 3대로 내려

가면서 장로들의 의향意向대로 움직이지 않게 되었다.

석존 멸후 100년경이 되어 진보적 비구들이 계율에 관한 십사十事 즉 10개 조항의 승인을 교단에 구하게 된다. 계율에 관한 해석을 둘러싼 문제로서 그 내용은 계율의 일부에서 예외를 인정받아 지키지 않아도 된다고 주장하였다. 그러나 장로들은 모든 계율은 엄격하게 지켜야 한다고 반대하였다. 이에 불만을 가진 세력들은 장로들에 대항하여 '대중부大衆部'라는 일파를 만들었고, 이에 장로들의 일파를 '상좌부上座部'라 칭하게 되었다.

즉 전자는 젊은 층을 중심으로 진보적인 성향에 입각한 정의파正意派이며 후자는 장로를 중심으로 보수적 형식주의에 선정풍파正風派라 할 수 있다. 지금까지 하나였던 불교교단은 이윽고 '대중부'와 '상좌부'의 두 파로 분열하였다. 이를 '근본분열'이라 한다.

이 '근본분열'에 대한 구체적인 이유나 경과에 대해서는 북방에 전해진 북전불교와 남전불교의 설명이 다르므로 쉽게 단정 할 수 없다.

교단이 근본분열을 일으킬 때쯤 아쇼카왕이 출현하여 인도사상 드물게 보는 대제국을 세웠다. 왕은 불교정신에 바탕하여 정치를 행하고 자신도 자비심을 갖고 민중을 위하여 많은 복지사업을 행하고 있었다. 또한 법령을 발표하여 각지의 석주石柱나 암벽에 새기고, 불탑을 각지에 건립하거나 석존 유적의 보존에 힘을 쏟는 등의 수많은 사적을 남겼다. 그리 하여 법의 사자로서 국내는 말할 것도 없고 네팔, 스리랑카, 미얀마를 비롯하여 멀리 그리스나 이집트까지 불교의 전도 사를 파견하는 등 불교의 발전에 크게 기여하였다. 더욱이 스리랑카에는 왕자인 마힌다를 직접 보내 남방불교의 시초 가 되었다.

이렇게 하여 불교는 아쇼카왕에 의하여 인도 전역에 확산 되었고 불교가 이윽고 세계종교로서 크게 비약하는 바탕이 되었다. 그러나 다른 한편 불교가 넓은 지역에 전해지기 위해 서는 해당 지역과의 교섭이 있어야 함에도 불구하고 그것이 충분하지 못해 교단은 분파적 경향을 지니게 되었다. 즉 지역 마다 교리상의 해석을 둘러싸고 상위相違점이 생기거나 또한 독자적인 주장을 갖는 집단이 생기는 등 교단은 제 2단계의 분열을 보게 된다. 이것을 전단계의 근본분열에 대하여 '지말 분열枝末分裂'이라 칭한다.

즉 대중부가 불멸 100년경에서 불멸 200년경까지의 사이에 8부파로 나누어지고 본말 합쳐서 9부가 되었다. 다음으로 상 좌부는 대중부보다 100년쯤 늦게 불멸 200년경에 분열하기 시작하여 그 뒤 200년에 걸쳐 7번에 걸쳐 열 개의 부파+部派로 나누어져 본말 합쳐 11부파로 분열 되었다. 불멸 400년경에는 상좌부와 대중부를 합쳐 20부파가 성립되었다. 이를 '소승小乘20부'라 칭하는데 이후의 학자들은 제파 분립을 보이는 불교라 하여 '부파불교'라 부른다.

불교교단이 분파를 하면서 독자적인 교리를 성립시켰다. 각 부파는 제각각 교법의 연구에 몰입하였다. 그 결과 논장論藏 즉 경·율에 관한 주석이나 연구서아비담마 등이 많이 작성되어 유력한 부파는 고유의 삼장을 정비하게 된다.

이렇게 하여 종래는 구송되고 구전에 의하여 전해지고 있던 삼장이 기원전 1세기경부터는 문자로 기록되기 시작하였다.

4. 대승불교의 흥기와 전개

석존의 재세에서 입멸 후 100년까지의 불교를 원시불교라 칭하는데 이 시대의 불교는 창성기創成期였다. 이에 대하여 부파불교의 시대는 교학의 정비기로서 교법에 대한 연구가 성행하였다.

물론 20부파로 나누어져 있었으므로 장소나 전승의 방법은 각각 달랐으나 '논장'에 대한 연구는 크게 심화, 발전하였다.

주로 사원 중심 또는 출가자 중심의 이론으로서 학문불교의 방향을 지니게 되어 철학적 경향을 한층 심화시켰다. 한편 부파간의 대립의 골이 깊어져 출가교단은 고정화 되고 재가자는 무시되는 상태가 되었다. 일반대중의 종교적 욕구를 충족시키지 못하게 되자 불교는 대중과 유리되는 결과를 가져오게 되었다.

이와 같이 대중의 현실적 고뇌를 해결할 수 없는 불교는 참다운 불교라 할 수 없고 존재의미가 없다는 사실은 오늘날에도 마찬가지이다.

이상과 같이 부파시대의 불교는 침체해 가고 형해화形骸化하며 형식적인 불교로 빠져 들고 있었다. 이 흐름에 반하여 불타의 참다운 정신에 철저하고 순수한 종교적 신앙생활에 충실했던 재가신자 집단에서 "석존의 근본정신으로 되돌아가자."고 하는 운동이 일어났다. 불타 석존을 인간 완성의 이상적 존재로 설정하고 이를 이루려고 하는 종교 운동으로 부파불교에 대한 비판과 반성이 담겨 있다. 불타의 근본정신을 보다 근본적으로 추구하려한 신앙운동이며 성불을 목표로 한 보살도의 이상주의 운동이라 할 수 있다. 이러한 새로운 종교운동을 '대승불교운동'이라 부른다.

이와 같은 새로운 운동은 출가자의 힘도 빌리고 있지만 그 중심은 재가신자 집단에 있었다. 언제 어디서 시작되었는지는 분명하지 않지만 기원전 2세기경에 남인도에서 일어났다고 하는 설이 유력하다. 점차 강력한 세력이 되어 서인도에서 북인도로 크게 전개되었다.

'대승大乘'이란 Mahāyāna의 '큰 승물乘物'이란 의미이다. 또한 '우수한 승물乘物'이라고도 할 수 있다. 이 가르침은 자기 자신만 깨달음을 얻는 것이 아니라 모든 사람들을 구제 한다는 이타利他를 주로 하는 가르침이다. 보살의 정신과 행을 설하여 자비심과 그 실천을 강조하는 가르침이다. 또한 적극적인 열반관을 주장하는 가르침이기도 하다.

이같은 대승에 대하여 소승小乘이란 명칭이 있으나 이것은 범어 Hīnayāna의 번역어로 작은 승물乘物, 보잘 것 없는 승물이란 의미이다. 이 가르침은 자기 자신만의 깨달음을 목적으로 하는 자리自利를 설하고 그 목적은 부처가 아니고 아라한阿羅漢이라는 점과 더불어 소극적 열반관을 주장한다.

이 대승과 소승의 상위점에 대해서는 다양하게 논할 수 있으나 불교의 본뜻은 대승이라 할 수 있다. 오늘날 우리가 행하고 있는 불교는 대부분 여기에 속한다.

그런데 소승이란 명칭은 구체적으로는 부파불교를 말하는 것이나 대승불교가 흥기한 뒤에 대승불교도가 부파불교를 폄하하여 부르는 호칭이다. 그러므로 교의상의 깊이를 논할 때를 제회하고, 일반적인 용어로는 부파불교의 명칭이 많이 쓰인다.

5. 대승경전의 성립

기원을 전후하여 대승 경전이 성립하였다. 대승불교교단의 지도자인 법사들이 스스로 얻은 깨달음의 내용이나 불타가 되는 방법 등을 설하여 편집하기 시작하였다. 특히 최초의 대승경전에는 원시경전 즉 『아함경』의 교리가 활용되고 있으나 이는 대승불교도 원시불교의 전통을 계승하고 있음을 나타난다.

그러므로 부파불교의 영향도 무시할 수 없다. 이러한 의미로 대승경전은 석존 교법의 참뜻을 바르게 전승하고 개현開顯한 것이라 할 수 있다

다른 한편 종전의 경전에서는 살필 수 없었던 신선하고 훌륭한 가르침이 포함되어 있다. 즉 모든 사람들의 구제를 목적

으로 하는 자비의 실천과 보살 정신이 높이 평가되고 있어 뒷날 대승불교가 힘 있는 발걸음을 내딛게 되는 기반이 된다. 대승경전의 성립 과정은 3기로 구분한다.

1. 제1기, 초기대승경전

초기 대승경전은 기원 전후하여 3세기 사이에 성립한 경전으로 그 대표적인 예는 다음과 같다.

(1) 『반야경』

여러 가지 반야계의 경전이 있으나 이를 일괄하여 『반야경』이라 한다. 경전의 내용은 반야바라밀般若波羅密 즉 지혜의 완성을 설하고 불타정각의 의의와 활동 등에 대해 설한다. 여기에는 공空의 지혜, 무집착의 지혜가 분명히 밝혀져 있다. 공사상이 일관되게 흐르고 있어 대승불교 교리의 기본이 된다.

(2) 『화엄경』

자세히는 『대방광불화엄경大方廣佛華嚴經』이라 하고 불타가 성불하여 모든 공덕을 몸에 갖추고 있다는 점을 아름답게 장식한 꽃에 비유하여 불화엄佛華嚴이라 하였다. 이 부처의 깨달음의 내용은 비로자나의 불이라 하는데 그 자내증自內證은 반야경의 공사상에 바탕하고 있다. 또한 보살도가 상세히 설명되어 있다.

(3) 『법화경』

자세히는 『묘법연화경妙法蓮華經』이라 하고 묘법을 진흙 밭에서 생겨 진흙에 물들지 않는 연꽃에 비유한다. 그 묘법을 일승一乘의 어語로 제시하고 그것은 실상實相의 법이라 설하고 있다. 『반야경』의 공설空說을 기반으로 하고 이 세상에서 깨친석존 외에 구원실성久遠實成의 부처를 찬양하고 있다. 또한 불탑숭배도 설하고 있다.

(4) 『무량수경』

광명 곧 지혜 무량無量, 수명 곧 자비 무량의 아미타불과 중생의 구제가 설해져 정토경전의 근본을 이루고 있다.

이들 경전의 특징을 한마디로 말하면 공사상을 기반으로 하여 일체중생의 구제를 목적으로 하는 자비의 실천행, 즉 보살도 정신이 강하게 흐르고 있다는 점이다. 초기의 경전이므로 체계적으로 편집된 것이 아니라 잡다한 내용도 포함되어 있었다. 이를 통일하여 이론적으로 조직 체계화 한 인물이 용수보살龍樹菩薩: 150~250경이다. 그에 의하여 대승불교 발달의 기반이 조성되었다. 용수보살의 계통을 이은 학파를 중관학파中觀學派라고 한다.

2. 제2기, 중기 대승경전

4세기에서 5세기경 사이 성립한 경전으로 대표적인 예는 다음과 같다.

(1) 『열반경涅槃經』

불타 입멸 즉 열반을 중심으로 설해진 경전이다. 법신상주설法身常住說과 여기에 기반한 불성佛性의 변재遍在즉 일체중생 실유불성一切衆生悉有佛性을 설하고 법성法性은 상常 낙樂 아我 정淨의 4덕을 지니고 있다고 강조한다.

(2) 『여래장경』

여래법성의 상주성과 보편성을 근거로 한다. 중생은 모두 여래의 인자茵子이며 여래의 태아임과 더불어 중생은 또한 여래를 간직하고 있다고 설한다.

(3) 『승만경』

여래장의 교리를 정비하고 여래의 법신은 번뇌장을 떠나지 않는 것이 여래장이라 설한다. 승만부인으로 하여금 일승진실을 고창高唱하고 있다.

(4) 『해심밀경』

아뢰야식阿賴耶識과 변계소집성遍計所執性, 삼성三性과 삼무성三無性
을 설하여 식識의 소연은 유식唯識의 소현이라는 유식설을 강
조하고 있다.

(5) 『능가경』

대승불교의 기본적인 중요한 교리가 여러 가지로 설해져
있으나 일관된 사상은 유심설이다. 또한 여래장설과 유식설
과의 교류가 보인다.

이들 경전의 특색은 한 마디로 말하면 여래장사상과 유식
사상을 강조한다. 초기경전과 비교하면 교리중심의 이론적인
면이 강하게 나타나 있다. 이러한 사상은 미륵彌勒 270~350경과 무
착無着 310~390경, 천친보살天親菩薩 320~400경 등이 체계화하였다. 이
들 계통을 따르는 학파를 유가행파瑜伽行派 또는 유식학파라 부
른다.

3. 제3기, 후기 대승경전

7·8세기경에 성립된 경전으로 『대일경大日經』과 『금강정경金剛頂經』이 대표적이다.

(1) 『대일경』

이는 『대비로자나성불신변가지경大毘盧遮那成佛神變加持經』이라고도 하여 『화엄경』 계통에 속한다. 보리심을 중시하여 여실如實히 자심自心을 알고 자심의 일체지를 구하여 보리를 얻을 수 있다고 설한다. 진여眞如법신의 대일여래가 직접 중생을 구제하기 위하여 진언眞言 만다라에 의탁하여 여러 가지 불신佛身으로 나타나 설법하기도 한다.

(2) 『금강정경』

『금강정일체여래진실섭대승현증대교왕경金剛頂一切如來眞實攝大乘現証大敎王經』이라 하고 금강여래의 출현 경과와 활동, 금강계만다라와 관정灌頂에 대하여 설한다.

이상의 경전은 밀교사상을 조직적으로 정리함으로써 이에 의하여 밀교의 기초적 교리가 확립되었다.

6. 인도불교의 멸망

불교는 석존 입멸 이후 얼마간의 결집을 행하여 교단은 수백 년 간에 걸쳐 20부파로 분파하였다. 기원 전후에는 대승불교가 흥기하여 그 뒤 수백 년 간에 걸쳐 많은 대승경전이 성립되었다. 이 경전을 중심으로 고도高度한 논전論典이 다수 찬술되었다. 그 결과 대승불교는 사상적으로 심화되고 다양하게 발전하였다.

그러나 학문적으로 정밀화한 대승불교는 결국 실천성을 잃고 일반대중에게 수용되지 못하였다. 사원 안에서 소수의 승려만이 관여하는 '학문불교'가 되고 있었다. 그리하여 인도의 대승불교는 지난날의 종교성을 잃고 사회에서 유리되어 차차 쇠퇴의 길을 걷게 되었다.

이윽고 8・9세기 이후의 인도불교는 급속히 밀교화하여 본래 불교의 사상이나 실천과는 다른 방향으로 기울고 있었다. 즉 종래의 인도사상, 힌두교 등과 혼합되어 순수한 무아사상을 비롯한 불교의 본질을 잃어가고 있었다. 한편 12세기에서 13세기에 걸쳐 인도는 이슬람교도에 정복되었다. 이때 불교 사원이 모두 파괴되어 승려는 티베트나 네팔로 망명하였다. 이윽고 13세기 인도에서의 불교교단은 멸망하였던 것이다. 그 뒤 불교는 힌두교의 일파로서 남게 되었고 불교는 이렇게 인도에서 모습을 감추고 말았다. 그러나 대승불교는 티베트와 중국, 한국, 일본으로 옮겨가고 부파불교小乘佛教는 스리랑카를 중심으로 동남아시아에 전파되었다. 오늘날 전자를 북방불교라 하고 후자를 남방불교라고 부른다.

7. 중국의 불교

중국에는 인도에서 천년 가까이 발전한 여러 가지 경전이 성립 순서와는 무관하게 전파, 번역되었다. 따라서 그들은 다종다양한 경론 중 자기가 신봉하는 가르침이 무엇인가 하는 과제를 중심으로 경론의 상호관계를 분명히 할 필요가 있었다. 더불어 신앙상의 문제에도 스스로의 입장을 명시明示하기 위하여 교설의 체계화를 기하는 교상판석教相判釋을 행하였다.

교상판석은 교판教判 또는 판교判教라고도 한다. 석존의 교설에 대하여 형식이나 방법 혹은 순서나 내용 등을 분류, 정리하여 불타가 출세한 본심이 어디에 있는가를 분명히 밝히는 일이었다. 불타의 교화는 응병여약應病與藥이라든가 대기설법對機說法이라고 하듯이 설하는 방법이나 내용이 같지 않았다. 또한 설해진 경전도 8만4천이라는 방대한 분량이다. 만약 그것이 석존 1대에 설해진 가르침이라 한다면 그들 각각의 경전에 무엇인가의 의도나 순서, 차례 등이 있어야 한다. 여기서 수많은 경전을 어떤 일정한 기준에 의하여 조직화하고 체계화하여 불타의 참된 의도를 명확하게 할 필요가 생겼다.

그러나 자기가 신봉하는 경론을 존중하고 교의의 우위성을 강조한 나머지 다른 경론을 그것에 종속시키는 결과를 가져왔다.

이와 같은 교상판석은 남북조시대420~581의 초기부터 시작되어 수隋, 589~617나 당唐, 618~907의 시대가 되면 어느 정도 완비되어진 소위 말하는 종파불교가 성립된다. 여기서 종파불교의 조건으로서 교판의 확립이 불가결의 기준이 되었다. 이와 같은 중국불교의 특색은 일본 불교에 큰 영향을 미쳤다.

8. 일본 불교의 제종

일본에 불교가 공인된 것은 6세기 중엽으로 한국불교의 전래가 시작이다. 그 뒤 삼논종三論宗이 전해지고 이어 법상종法相宗이 전래되었다. 이 두 종파의 부수적인 형태로 전해진 것이 성실종成實宗과 구사종倶舍宗이다. 이 두 종파는 소승불교라 여겨졌기 때문인지 일본에서는 독립 종파로서는 행해지지 않고 다만 삼론, 법상의 두 교학을 배우기 위한 보조학에 머물렀다.

이윽고 나라시대奈良時代가 되면 화엄종과 율종이 이입되어 나라=남도南都 6종이 성립된다. 이후 헤이안기平安期의 초기에는 전교대사 최증傳敎大師最證의 천태종天台宗, 홍법대사弘法大師 공해空海의 진언종이 개종되어 8종이 되었다. 한편 카마쿠라鎌倉시대에 이르면 선禪, 정토淨土, 일련日蓮의 제종이 성립되면서 일본의 종파불교가 성립되었다.

그러나 일본불교의 기본적 특성을 성덕태자聖德太子574~622의 불교에서 볼 수 있다. 성덕태자는 일상생활에 접한 불교, 만인이 부처가 되는 일승一乘불교를 제창하였다. 태자는 재가의 몸이면서 승복을 입고 『법화경』이나 『승만경』을 강설하였다. 이 같은 태자의 정신은 전교대사에게 전승되어 소승계를 버리고 '일상생활이 곧 불교'라고 하는 진속일관眞俗一貫의 대승불교가 발전하는 기틀이 되었다.

이러한 진속일관의 정신은 친란성인의 육식대처肉食帶妻의 종풍 위에 구현되었다. 이는 계율에서 보면 참으로 파천황破天荒의 일이었다. 그러나 불타를 중심으로 하는 원시교단에서는 우바새, 우바이도 불·법·승 삼보에 귀의하면 재가생활도 깨침을 얻을 수 있는 길이 열려있었다. 대승불교가 흥기하면서 깨달음의 길에 승속의 차이가 없다는 것이 분명해졌다.

친란성인은 일상생활이 곧 불교라고 하는 진속일관眞俗一貫의 대승불교, 만인성불의, 일승불교를 스스로 제시한 성덕태자를 '화국和國의 교주教主'로 부모와 우러러 같이 경모하였다. 그리하여 태자불교의 진수를 스스로 구현하였다. 여기에 만인의 성불도, 신심의 성性, 염불의 전수성專修性, 진속일관眞俗一貫의 재가성 등의 카마쿠라신불교鎌倉新佛教의 특징이 유감없이 발휘되었다.

저자 키따바다께 덴세이(北畠典生)

1928년 일본 북해도에서 출생. 1953년 교토 용곡대학 연구과 졸업. 용곡대학 학장, 기후성덕학원대학 학장 등 역임. 현재 본원사파 권학(勸學). 용곡대학 명예교수.

저서

『불교요설』, 『신원상인소장집(信願上人小章集의 연구』, 『화엄법계의경강의』상권, 『왕생요집강요』, 『관념발심간요집(觀念發心肝要集)의 연구』, 『일본 중세의 유식사상』(편저), 『불교의 기초입문』(1991년 발행, 2008년 13쇄 발행) 등 다수.

역자 조 명 렬

1946년 전북 출생. 1970년 원광대학교 불교교육과 졸업. 1970년 숙명여자대학교 국어국문학과 학사편입. 1973년 이화여자대학교 대학원 국어국문학과 수료. 1983년 일본 교토불교대학 대학원 박사과정 문학연구과 수료. 1989년 위 대학에서 문학박사 학위 취득. 원광대학교 사범대학 국어교육과 전임강사. 숙명여자대학교 강사. 동국대학교 강사. 일본기후성덕학원대학 객원교수 등 역임. 현재 중앙승가대학교 명예교수.

저서

『불교동화의 세계』(1984, 동국대 불전간행위원회), 『한국 불교문학사 입문』(공저 1991, 불교문학사연구회), 『동심문학의 연구』(2011, 집옥재), 『동심의 세계와 아동문학』(2011, 집옥재).

번역서

『불교사상의 발자취』(雲井照善著, 1987, 동국대 불전간행위원회).

글터 지식총서 ③

불교기초입문

2019년 4월 22일   초판인쇄
2019년 4월 30일   초판발행

지은이   키따바다께 덴세이(北畠典生)
엮은이   조 명 렬
펴낸이   한 신 규
편 집   김 영 이
펴낸곳   글터
주 소   138-210 서울특별시 송파구 동남로11길 19(가락동)
전 화   Tel.070-7613-9110   Fax.02-443-0212
E-mail   geul2013@naver.com
등 록   2013년 4월 12일(제25100-2013-000041호)

ⓒ 조명렬, 2019
ⓒ 글터, 2019, printed in Korea

ISBN   979-11-88353-07-1 03220   **정가** 15,000원

* 저자와 출판사의 허락없이 책의 전부 또는 일부 내용을 사용할 수 없습니다.
* 잘못된 책은 교환해드립니다.